LES SYMBOLES DE
l'ISLAM

26-28, rue Danielle-Casanova, 75002 Paris, France
Tél. : 01 42 60 33 84   Fax : 01 42 60 33 85
www.assouline.com

Dépôt légal : 2e semestre 1999
pour la présente édition.
1er semestre 1997 pour la première édition.

ISBN : 2 84323 144 2

Pages 6-7 : Détail d'une frise coranique.
Partie de linteau en céramique à décor à reflets métalliques
et bleu de cobalt, présentant la *basmala*.
Ispahan, vers 1880, d'après un modèle du XIVe siècle.
Galerie J. Soustiel.

Photogravure : Gravor (Suisse)
Imprimé en Italie

LES SYMBOLES DE
l'ISLAM

Texte de Malek Chebel
Photographies de Laziz Hamani

EDITIONS ASSOULINE

SOMMAIRE

الرحيم

بسم الله

"AU NOM DE DIEU :
CELUI QUI FAIT MISÉRICORDE,
LE MISÉRICORDIEUX."

LOUANGE À DIEU,
SEIGNEUR DES MONDES :
CELUI QUI FAIT MISÉRICORDE,
LE MISÉRICORDIEUX,
LE ROI DU JOUR DU JUGEMENT.

C'EST TOI QUE NOUS ADORONS,
C'EST TOI
DONT NOUS IMPLORONS LE SECOURS.

DIRIGE-NOUS DANS LE CHEMIN DROIT :
LE CHEMIN DE CEUX
QUE TU AS COMBLÉS DE BIENFAITS ;
NON PAS LE CHEMIN DE
CEUX QUI ENCOURENT TA COLÈRE
NI CELUI DES ÉGARÉS.

Fatiha, première sourate du Coran

Introduction

I. LE MILIEU NATIF DE L'ISLAM

Né au VIIe siècle, en Arabie, l'islam est un monothéisme centré sur la glorification d'Allah, l'Unique, et autour d'un Livre sacré, le Coran, révélé entre 610 et 632 après J.-C. au Prophète Mohamed. L'islam s'est constitué à une époque où le relâchement moral et spirituel était à son comble dans la région de La Mecque, à Médine plus au nord et dans les environs.

La religion naissante s'est rapidement organisée autour de trois pôles, Allah, Mohamed, le Coran, reliés par une seule et même obsession, l'appel constant à la foi et son corollaire, le châtiment qui attend en enfer les polythéistes, les idolâtres et les mécréants.

L'Arabie elle-même, le "berceau de l'islam", et particulièrement cette partie occidentale appelée Hidjaz, située entre La Mecque et Médine, était alors idolâtre. Elle vénérait plusieurs divinités, dont une dizaine sont citées par le Coran : al-Lat, al-Ozza, Manât, Wadd, Souwa 'Yaghout, Ya'ouq, Nasr, Hobal, Taghout.

Le Coran ne cesse d'ailleurs de rappeler cette situation initiale, donnant ainsi le moyen aux historiens musulmans de célébrer au cours des siècles l'inflexibilité de l'islam face à l'hérésie sous toutes ses formes, schisme, associationnisme, déviances diverses... Au cœur de ce dispositif de l'impiété se trouvait La Mecque. Ville déjà importante et lieu de pèlerinage préislamique très fréquenté, elle jouissait de deux atouts majeurs :

– une position géographique qui faisait d'elle une étape obligée du commerce caravanier, un centre crucial qui reliait le sud de la péninsule, lui aussi fort riche, aux régions septentrionales, Syrie, Palestine, Égypte, Irak ;

– une vie politique active et un lieu de rendez-vous saisonnier pour toutes les tribus de la péninsule. Elle était leur parlement littéraire et le lieu où se déroulaient de grandes joutes poétiques.

Tous les ingrédients étaient dès lors réunis pour désigner ce lieu d'impiété comme celui de l'ignorance et de l'irréligion, tandis que ses habitants devenaient *ipso facto* des profanateurs et des "hypocrites" (*mounafiqoûn*).

L'orthodoxie musulmane ultérieure n'a d'ailleurs pas ménagé ses efforts pour charger de multiples travers une population certes idolâtre, mais qui avait surtout eu le tort de combattre et pourchasser le Prophète Mohamed au début de sa prédication.

De ces moments difficiles, l'islam puise la quasi-totalité de ses principes directeurs, son éthique et sa vigueur toujours renouvelée.

II. LE CORAN, L'ISLAM ET LES MUSULMANS

L'angéiologie islamique place l'archange Gabriel dans une position enviée : il est l'annonciateur de la "bonne nouvelle", le Coran, que le Prophète ne fait que réciter (*iqra'*) à ses disciples dans une "langue claire" [1]. Le Coran aborde la plupart des aspects spirituels et moraux que rencontre le musulman tout au long de sa vie. Celle-ci est considérée comme un état transitoire, et un don précieux du Créateur.

Texte plein et complexe, le Coran est tout à la fois le bréviaire réconfortant que médite l'*imam*, le corpus théologico-moral que commente l'érudit et la somme de spiritualité qui inspire le mystique, le *soufi*. Le domaine juridique musulman est réglé par un ensemble imposant de textes canoniques qui remontent parfois aux origines et constituent la *sounna*, la "Voie tracée" (par le Prophète). La loi religieuse, appelée *chari'â*, en découle directement, s'en inspire dans sa totalité et parfois de manière sourcilleuse. Elle est encore en vigueur dans plusieurs théocraties, au Soudan par exemple.

En outre, par sa dimension unifiante et par son architecture, le Coran est un texte inimitable (*i'jâz*). En tant que tel, il est un véritable "défi" à la conscience humaine, une esthétique à part entière qui surpasse toute autre en beauté et en équilibre. Le sens du mot *islam* est complexe. Il aurait pour origine la racine s.l.m., qui signifie littéralement "quiétude", "paix" (*salam*), ou à la rigueur "être sain et sauf", "rester en vie".

Quant au terme *aslama*, qui signifie "s'abandonner en toute quiétude", "s'en remettre à Dieu", il a donné *mouslim*, musulman. Le croyant se considérant comme un serviteur de Dieu, son obéissance lui est acquise.

L'obéissance à Allah est en effet l'une des notions clés de l'islam, car elle rompt avec la logique d'éclatement et de rivalité intense qui a caractérisé le polythéisme païen des mecquois : "Celui qui obéit à Dieu et à son Prophète sera introduit dans des Jardins où coulent les ruisseaux ; ils y demeureront immortels : voilà le bonheur sans limites ! Celui qui désobéit à Dieu et à son Prophète et qui transgresse ses lois sera introduit dans le Feu. Il y demeurera immortel ; un châtiment ignominieux lui est destiné" (Les Femmes, IV, 13-14) [2].

Le rôle du Coran s'étend également à l'organisation du temporel. En régulant une communauté islamique qui est "la meilleure communauté suscitée pour les hommes" (La Famille de 'Imran, III, 110) et qui s'étend désormais aux confins de la planète, le Coran est devenu une constitution largement éprouvée et, on le voit depuis peu, d'une redoutable efficacité.

L'union qui prévaut en islam entre le temporel et le spirituel a conduit les théologiens musulmans, au temps de la grandeur dynastique, à étendre cette notion d'obéissance au comportement politique des masses musulmanes, devenues ainsi non seulement des croyants, mais aussi les sujets d'un système califal. L'originalité de cette nouvelle prédication tient à sa marque arabo-bédouine et à l'empreinte indélébile des mythes fondateurs de la péninsule arabique et à l'abolition des illusions païennes.

Religion sobre, religion combative, mais religion prêchant avec ferveur l'égalité spirituelle entre les hommes, l'islam s'est aussitôt et définitivement organisé autour d'une quintuple obligation que tous les musulmans observent, sans exception : profession de foi, prière, aumône, jeûne et pèlerinage à La Mecque. Ce ne sont là toutefois que des "piliers" (*arkân*) du dogme qui ne peuvent se substituer à l'âme véritable de la "belle demeure" qui est la foi, *al-imân*.

Pour les musulmans, chacun des prophètes a été envoyé pour affranchir un peuple particulier, alors que Mohamed, l'ultime messager, est celui qui s'adresse au genre humain tout entier. Dès lors, l'égalitarisme musulman se trouve amplement justifié et illustré. Ne dit-on pas dans cette religion, et dans la culture collective qui en découle, qu'au regard de Dieu aucune distinction n'existe entre un homme et une femme, entre un Arabe et un non-Arabe, hormis la sincérité de leur foi, qui, seule, peut les départager ? Du reste, comment une religion à caractère universel pouvait-elle se limiter aux avatars de l'origine sociale, de la fortune ou de la couleur de la peau ?

Ainsi, si le Coran représente bien la Parole incréée du Dieu vivant et son Verbe tout-puissant, la vocation de l'islam est de se situer dans le prolongement de la tradition abrahamique, dont l'Arabie, par sa proximité, par sa filiation et par les brassages de population, a favorisé l'éclosion.

La prédication mohamédienne a duré vingt-deux ans. Elle débute vers 610 et s'achève en juin 632. Aujourd'hui, l'islam hisse son étendard sur une bande territoriale qui va de l'Atlantique, à l'extrême nord-ouest du continent africain, jusqu'en Asie du Sud-Est en passant par les îles de l'océan Indien, une partie des Balkans et plusieurs républiques d'Asie centrale. L'Égypte, le Maghreb, la Turquie, la Perse et tous les pays de l'actuel Proche-Orient ont été islamisés dans le courant du VIIe et VIIIe siècle.

Cette première période d'islamisation s'est achevée sabre au poing après la conquête de l'Andalousie qui commença en 711. Or, de l'aveu même des musulmans de l'âge classique (X^{e}-XIIe s.), l'Andalousie a constitué la "perle" de *Dâr al-Islam* (la Demeure de la religion) à son apogée.

Les autres régions musulmanes, l'Afrique noire et l'Asie méridionale en particulier, ont été converties sans le truchement du *djihad* (guerre sainte). Elles ont été acquises à l'islam lors d'une "seconde prédication" qui s'est prolongée jusqu'aux derniers moments du XVIIe siècle.

Les musulmans sont désormais majoritaires dans plus de trente-cinq pays et comptent un peu moins d'un milliard d'âmes dans le monde. On en dénombre environ sept millions en Europe occidentale, venus essentiellement des anciennes colonies, dont plus de six millions pour les seuls trois pays centraux : France (trois millions et demi), Allemagne (deux millions), Grande-Bretagne (un million).

Doit-on maintenant évoquer les images et les objets qui permettent d'identifier l'islam, alors que la sobriété de son rituel, l'absence de tout cérémonial et le refus systématique de s'adjoindre objets ou vêtements à tonalité liturgique le distinguent des autres cultes ? Pas de calice, ni d'hostie, ni même d'eau bénite ou d'aspersion. Le confessionnal étant étranger à l'islam, le contact avec Dieu se fait sans intercesseur ni communion. Par ailleurs, le symbole liturgique d'ensemble y est réduit à sa plus simple expression : se déchausser, prononcer la *basmala* et la *chahada*, se purifier et s'asseoir dans un oratoire ou une mosquée suffit pour établir un contact direct avec Allah. Rien n'est aussi important que le perfectionnement spirituel et l'approfondissement des connaissances pour tout musulman sincère. Sa vie durant, le Prophète lui-même n'a cessé d'en donner l'exemple.

Pourtant l'islam ne peut se situer longtemps hors du champ symbolique, de même qu'il ne peut demeurer insensible à la représentation ou se dégager des expressions du beau et de l'utile. Pour autant, comme il est une religion sans médiation avec le Créateur et sans intermédiaire, une religion qui n'a ni clergé, ni icônes et, moins encore, d'idoles, les images de l'islam sont totalement distinctes de celles des autres religions.

III. ISLAM ET ALTÉRITÉ

L'islam reconnaît les deux autres religions révélées, le judaïsme et le christianisme, et leur accorde une place spéciale. Juifs et chrétiens sont en effet appelés les "Scripturaires" (*Ahl al-Kitab*), puisque leur loi commune est elle aussi assujettie à un Livre révélé : "Dis : 'Nous croyons en Dieu ; à ce qui nous a été révélé ; à ce qui a été révélé à Abraham, à Ismaël, à Isaac, à Jacob et aux tribus ; à ce qui a été donné à Moïse, à Jésus, aux prophètes de la part de leur Seigneur. Nous n'avons pas de préférence pour l'un d'entre eux : nous sommes soumis à Dieu'" (La famille de 'Imran, III, 84).

Fidèle aux enseignements bibliques, le Coran admet l'existence du paradis, de l'enfer et du jour de la Résurrection. Il accorde une place privilégiée aux anges, reconnaît l'existence de Satan, le démon, et confirme les châtiments qui, dans l'au-delà, attendent les infidèles. Religion de pardon, l'islam assure d'un salut sans réserve les mortels qui viennent à résipiscence car nul mieux que Dieu n'est le garant et le protecteur du croyant [3].

Convulsive depuis l'origine, l'histoire de l'islam est peu connue du grand public. Cette méconnaissance n'explique pas, à elle seule, la profusion d'ouvrages qui garnissent depuis quelques années les tables des librairies. Il faut chercher ailleurs les raisons de la curiosité du néophyte, exaltant ici l'âme fiévreuse de musulmans que le confort matérialiste a assoupie et renforçant ailleurs la foi des démunis.

Le présent ouvrage expose les éléments fondateurs du dogme relatifs à la doctrine : profession de foi, prière, aumône, jeûne et pèlerinage ainsi que les éléments familiers dans la pratique de l'islam comme les rites sacrificiels, le chapelet, les couleurs, les vêtements et les lieux architecturaux qui rassemblent les fidèles : la mosquée, la Kaaba, La Mecque, la *madrassa*, etc. Il se veut une synthèse visuelle de la civilisation arabo-islamique à son apogée et, autant que faire se peut, un rappel vivant de l'islam d'aujourd'hui.

1. "Oui, le Coran est une Révélation du Seigneur des mondes ; [...] c'est une Révélation en langue arabe claire" (Les Poètes, XXVI, 195).
2. Sauf indication contraire, les extraits du Coran proviennent de la traduction de D. Masson parue chez Gallimard en 1967.
3. "Confie-toi en Dieu ! Dieu suffit comme protecteur !" (Les Femmes, IV, 81).

خط استوا
مدار سرطان
محیط جنوبی
قطب جنوب

La cartographie arabe s'est développée sous deux impulsions : l'impulsion religieuse, liée à l'administration de l'empire, et scientifique, liée aux voyages et à la connaissance du monde.
Ce planisphère est issu du livre de Erzurumlu Ibrahim Hakki Ma'rifetname *réalisé par Muhendis Mustafa. Turquie, 1811.*
The Nasser D. Khalili Collection of Islamic Art.

C H A P I T R E 1

ALLAH

AL-LAH, *AL-ILAH*, *AR-RAB*, DIFFÉRENTES APPELLATIONS POUR LE DIEU UNIQUE DE L'ISLAM

DANS LA CONCEPTION ISLAMIQUE, ALLAH EST LE CRÉATEUR DU MONDE ET L'ORDONNATEUR PRINCIPAL DE SA MARCHE. EN TANT QUE DIEU du monothéisme, il est cité quelque deux mille sept cents fois dans le Coran : "Dis : Lui, Dieu est Un ! Dieu... L'Impénétrable. Il n'engendre pas ; il n'est pas engendré ; nul n'est égal à lui !" (Le Culte pur, CXII, 1-4).

Historiquement, le concept d'*Al-Ilah* ("le Dieu"), ainsi qu'il est désigné dans toute l'aire sémitique, existait au sein du panthéon de La Mecque bien avant l'islam, mais il était loin d'occuper la place qu'il allait prendre dans la prédication mohamédienne. Le Coran en effet renforce et consacre sa primauté et son excellence. La toute-puissance d'Allah (notion citée dans pas moins de cent quarante-deux versets) et sa miséricorde (évoquée dans cent quatre-vingt-quatorze versets répartis sur soixante-douze sourates) ont éclipsé les autres dieux de la péninsule.

Comment Allah se présente-t-il dans le Coran ? La question est très importante car l'islam se détermine à la fois par sa rupture radicale avec le panthéon préislamique, mais également par sa vision de l'avenir. L'au-delà et la résurrection des morts y ont leur place. Le Coran et la tradition admettent l'existence d'un jour du jugement dernier, durant lequel les mécréants sont châtiés. Enfin, de même qu'ils sont déterminants dans le judaïsme, le paradis et l'enfer sont des données fondamentales de l'eschatologie et de la pensée islamique.

Le Coran est riche en définitions de Dieu. L'une des plus mystérieuses, la plus poétique aussi, est celle de la vingt-quatrième sourate où il est dit que : "Dieu est la lumière des cieux et de la terre. Sa Lumière est semblable à une niche où se trouve une lampe. La lampe est dans un verre pareil à un astre étincelant qui s'allume grâce à un arbre béni : un olivier qui n'est ni de l'orient, ni de l'occident et dont l'huile brillerait sans qu'un feu la touche ou peu s'en faut. Lumière sur Lumière [1]" (La Lumière, XXIV, 35).

Transcendant et omniscient, sachant tout à tout moment, Allah est à la fois le dépositaire et le garant de la mansuétude, de la clémence (ou pardon, *ghoufrân*) et de la miséricorde, comme l'illustre ce passage : "Il est Dieu ! Il n'y a de Dieu que lui. Il est celui qui connaît ce qui est caché et ce qui est apparent. Il est celui qui fait miséricorde, le Miséricordieux. Il est Dieu ! Il n'y a de Dieu que Lui ! Il est le Roi, le Saint, la Paix, celui qui témoigne de sa propre véridicité. Le Vigilant, le Tout-Puissant, le Très-Fort, le Très-Grand. [...]

Calligraphie du nom d'Allah à la mosquée de Paris.

الله
١٣٤٧

Il est Dieu ! Le Créateur ; celui qui donne un commencement à toute chose ; Celui qui façonne. Les Noms les plus beaux lui appartiennent. Ce qui est dans les cieux et sur la terre célèbre ses louanges. Il est le Tout-Puissant, le Sage" (Le Rassemblement, LIX, 22-24).

Les quatre-vingt-dix-neuf noms de Dieu évoqués dans ces versets ont pour vocation de purifier les âmes des femmes et des hommes pieux et d'en éloigner le démon.

Préconisée par le Coran, leur récitation tient une place importante dans la méditation, notamment chez les mystiques. En tout temps et en tout lieu ils préservent du mal en le circonscrivant à ses frontières extérieures. Sept noms jouissent d'un symbolisme particulièrement évocateur : Allah, *Houwa* : "Lui" ; *Al-Haqq* : "La Vérité" ; *Al-Hayy* : "Le Vivant" ; *Al-Qayyoum* "Le Subsistant" ; *Al-Qahhar* : "L'Invincible, le Victorieux" ou encore, *Ar-Rabb* : "Le Seigneur". Mais il n'est pas rare d'entendre les qualificatifs suivants : *Ar-Rahman* : "Le Clément", *Ar-Rahim* "Le Miséricordieux", *Al-Karim* : "Le Très Noble" et *At-Tawwab* signifiant très exactement : "Celui qui se rapproche de sa Création (*tâb*)". Enfin, dans une dernière catégorie de noms divins, les fidèles égrènent quelques attributs d'Allah : *Al-Wahab* : "Le Donateur généreux" ; *Al-Majid* : "Le Glorieux" ; *Al-Fattah* : "Celui qui ouvre" ; *Al-Razzaq* : "Le Dispensateur de richesse", etc. À ce sujet, Ibn-'Abbas aurait entendu le Prophète dire : "Dieu a quatre-vingt-dix-neuf noms ou cent moins un ; celui qui les retiendra dans sa mémoire entrera au paradis [2]".

La qualité principale de Dieu, aux yeux des musulmans, est sa bonté et son amour. Dieu est amour, Dieu est bon, Dieu est miséricordieux : tels sont les attributs qui réunissent le plus de témoignages coraniques et prophétiques. Allah est le donateur (*al-mou'îz*), celui qui pourvoit (*ar-razzaq*) aux besoins des hommes.

Des expressions comme : "Dieu est, en vérité, bienveillant et miséricordieux" (*inna Allaha lara'oufoun rahimoun*) (La Vache, II, 143) ou encore "Mon Seigneur est miséricordieux et aimant" (*inna rabbi rahimoun wadoudoun*) (Houd, XI, 90) ponctuent un grand nombre de sourates où, déjà, la bienfaisance divine est rappelée. Si le Coran est entièrement dédié à la grandeur et à la souveraineté d'Allah (*jalalâti Allah wa 'oudhmatihi*), mais aussi à ses colères (*ghadâbihi*), la tradition orale du Prophète égrène et dissèque une à une les caractéristiques de Sa Majesté, parmi lesquelles la "proximité" (*al-qourb*), qui reste l'un des gages les plus sensibles de l'humanité intrinsèque de l'islam.

Or, sur la distance que les croyants auront avec Dieu, lorsqu'ils seront au paradis, peu de choses ont été explicitement dites. On trouve cependant quelques témoignages suggestifs comme celui-ci. Selon Djarîr ben 'Abdallah, un musulman qui vivait au VIIe siècle, le Prophète aurait dit à quelques personnes qui, une nuit de pleine lune, s'étaient réunies autour de lui : "Vous verrez le Seigneur comme vous voyez cette lune sans être obligés de vous bousculer pour la voir" ou encore, du même témoin, "Vous verrez le Seigneur de vos yeux" [3].

La formule par laquelle on invoque Dieu en vue d'obtenir sa bénédiction s'appelle *basmala* : "Au nom de Dieu [le] Clément et [le] Miséricordieux" (*Bismi al-Lahi ar-Rahmani ar-Rahim*). Toutes les sourates du Coran, à l'exception de la neuvième, débutent par la *basmala*. Contrairement à la "bonne intention" (*niyya*), qui est une pensée intime, la *basmala* est une formule que l'on prononce ou que l'on écrit. Son importance est telle que le Prophète a dû rappeler ceci : "Tout ce qui est dans les Livres révélés se trouve dans le Coran, tout ce qui est dans le Coran se trouve dans la sourate d'ouverture (*fatiha*) tout ce qui est dans la *fatiha* se trouve dans la *basmala* [4]."

Pendant de la *basmala*, la formule suivante "La louange est à Allah" (*Al-hamdou lil-Lah*) sert à rendre hommage à Dieu. C'est une formule que les enfants apprennent dès leur plus jeune âge. Après chaque repas, ils la prononcent en chœur afin d'exprimer leur contentement, comme ils le font d'ailleurs aussi pour la *basmala*. Enfin, des expressions comme *Soubhana Allah* (Gloire à Dieu) ou encore *Istaghfirou Allah* (Je demande pardon à Allah) ponctuent un grand nombre d'actes de la vie quotidienne.

La liste actuelle des quatre-vingt-dix-neuf appellations s'est progressivement imposée à des listes concurrentes qui comportaient trente-six, soixante-douze ou cinq cents noms. On estime enfin qu'un nom secret, le centième, réservé au Prophète et aux hommes pénétrés de savoir religieux, parachève ce prestigieux ensemble.

Outre ces noms divins, et celui du Prophète Mohamed, les noms des quatre premiers califes, dits "Califes bien-guidés" (*al-Khoulafa ar-Rachidoun*) car ils sont eux aussi des modèles de vertu, sont tenus en très haute estime : Abou Bakr (mort en 634), Omar (mort en 644), Othman (mort en 656) et Ali (mort en 661). Il en va de même pour Khadidja et 'Aïcha (femmes du Prophète), ainsi que pour sa fille Fatima, la femme de 'Ali. Les musulmans s'inspirent de ces "beaux noms" pour appeler leurs enfants. En y ajoutant le préfixe, *'abd* (serviteur) pour les garçons, ce qui donne par exemple *'Abd al-Wahab* (littéralement, "Le Serviteur du Donateur").

Les prénoms féminins, bien qu'étant dépourvus de préfixes, se construisent sur les mêmes racines : Rahima, Malika, Karima, etc.

1. Traduction de Hamza Boubakeur, Maisonneuve et Larose, Paris, 1995.
2. *Hadith* du Prophète.
3. El-Bokhari, *Les Traditions islamiques*, Paris, Maisonneuve et Larose, 1984, t. 4, p. 598.
4. *Hadith* du Prophète.

الباعث • الشهيد • الحق •

الوكيل • القوى • المتين •

الولى • الحميد • المحصى •

المبدئ • المعيد • المحيى •

المميت • الحى • القيوم •

الواجد • الماجد • الاحد •

الصمد • القادر • المقتدر •

المقدم • المؤخر • الاول •

الاخر • الظاهر • الباطن •

الخافض ۝ الرافع ۝ المعز ۝
المذل ۝ السميع ۝ البصير ۝
الحكم ۝ العدل ۝ اللطيف ۝
الخبير ۝ الحليم ۝ العظيم ۝
الغفور ۝ الشكور ۝ العلي
الكبير ۝ الحفيظ ۝ المقيت ۝
الحسيب ۝ الجليل ۝ الكريم
الرقيب ۝ المجيب ۝ الواسع ۝
الحكيم ۝ الودود ۝ المجيد ۝

C H A P I T R E 2

MOHAMED

ABOU AL-QASIM MOHAMED IBN 'ABD ALLAH IBN 'ABD AL-MOUTTALIB, PATRONYME COMPLET DU PROPHÈTE DE L'ISLAM, MOHAMED

LE NOM MOHAMED DÉRIVE DU VERBE *HAMADA*, QUI SIGNIFIE "LOUER", "GLORIFIER". L'HAGIOGRAPHIE MUSULMANE LUI EN DONNE un autre, Ahmed [1]. Elle s'appuie sur un verset coranique où Mohamed est annoncé par Jésus comme un futur prophète. Dans les langues européennes, on entend souvent d'autres noms : ainsi, Mahomet est l'altération de Mohamed et on a vu aussi Mahommed, Mahound, Mehemet, Mahowne et Machomet.

Le Coran détaille ses autres attributs. Il est l'"Avertisseur" de la religion [2]. Il n'est le Père d'aucun homme en particulier, mais le messager de Dieu [3]. On dit de lui qu'il est le "Beau Modèle" ou un "Bel Exemple" ainsi qu'il est rappelé dans ce verset de la sourate trente-trois, *al-Ahzab*, qui nous livre le portrait le plus complet du Prophète Mohamed : "Vous avez, dans le Prophète de Dieu, un bel exemple pour celui qui espère en Dieu et au Jour dernier et qui invoque souvent le nom de Dieu" (Les Factions, XXXIII, 21). La tradition orale des Arabes l'appelle parfois par l'ethnotype Qoraïchite, puisque le Prophète est issu de Qoraïche, la puissante tribu païenne qui gouvernait La Mecque. Il est à cet égard celui qui aura mis fin à l'"Ère du paganisme" (*'Ahd al-jahilia*), rétabli la "Vérité" transcendantale de Dieu et, de plus, organisé la communauté des musulmans (*Al-Oumma al-islamiyya*, appelée parfois la communauté mohamédienne), il en est le guide, le législateur et le plus grand stratège. Mohamed fait partie du clan des Banou Hachîm qui formera par la suite le tronc des Hachémite dont se réclament aujourd'hui encore certains souverains arabes. Sa date de naissance est imprécise. Elle est située durant l'"année de l'Éléphant", soit entre 569 et 571 après J.-C.

Il s'agit d'une année noire marquée par une attaque contre La Mecque menée par le général yamanito-éthiopien Abraha, vice-roi chrétien, dont l'armée était précisément montée sur des éléphants [4]. Mohamed est le fils de 'Abd Allah et de Amina bint Wahb. Son père meurt avant sa naissance, et sa mère, Amina, est rappelée à Dieu peu de temps après l'avoir confié à une nourrice de la tribu nomade des Banou Saad, Halima [5].

Orphelin à 5 ou 6 ans, Mohamed est pauvre et démuni, ses parents ne lui ayant rien laissé en héritage. Cette particularité le rattache déjà, symboliquement, à la lignée des grands prophètes qui, tous, étaient assez pauvres. C'est son grand-père, 'Abd al-Mouttalib, alors à la tête du clan des Banou Hachîm, qui le recueille jusqu'à sa mort. C'est ensuite à Abou Talib, son oncle paternel,

Double page précédente : calligraphie de cinquante-quatre des noms d'Allah.
Ci-contre : l'arrivée du Prophète à Médine et la construction de la mosquée. Page d'illustration d'un manuscrit religieux. Pendjab, Lahore, vers 1800. Galerie J. Soustiel.

qu'échoit le privilège de l'élever. Autant dire l'obligation, car on ne peut encore déroger aux coutumes, très contraignantes, d'entraide familiale. Voici comment cette enfance décousue est rapportée par le Coran : "Ne t'a-t-il pas trouvé orphelin et il t'a procuré un refuge. Il t'a trouvé errant et il t'a guidé. Il t'a trouvé pauvre et il t'a enrichi..." (La Clarté du jour, XCIII, 6-8). Cependant, très tôt, les mecquois reconnaissent en lui l'homme le plus pieux et le plus accompli de sa génération ; ils le surnomment *al-Amin*, l'"homme droit", "l'honnête homme". À 20 ans, fort de sa réputation d'intégrité, Mohamed entre au service d'une riche commerçante qoraïchite du nom de Khadija, fille de Khawaïlid, une parente au quatrième degré. Pour elle, il conduit les caravanes jusqu'en Syrie.

À force de ténacité et de probité, il devient son homme de confiance, dirige ses biens et l'épouse en 596. Mohamed a alors 25 ans et Khadija frise la quarantaine. De ce premier mariage naissent six enfants, dont deux garçons qui meurent en bas âge. Parmi les filles, la tradition retiendra surtout Fatima, la bien-aimée, future épouse de 'Ali, quatrième calife, et mère de Hassan et Houssaïn. Mohamed s'éteint à Médine, le 8 juin 632. Durant toute sa prédication, Mohamed aura été combattu par les maîtres païens de La Mecque, issus de sa propre tribu. Il est pourchassé sans répit jusqu'en septembre 622, date de son expatriation à Médine et an I du calendrier hégirien (de *hijra*, qui signifie "exil", "émigration"). Réfugié à Yathrîb, appelée depuis lors Madinat an-Nabi, Médine ("La Ville du Prophète"), il crée la première cité-État de l'islam et sa première constitution. C'est aussi dans cette ville que naîtront les principaux rituels.

Deux ans après l'hégire, la direction canonique de la Kaaba, appelée *qibla*, y est décidée. La maison du Prophète devient alors la première mosquée, tandis que Bilal, l'esclave noir affranchi, est chargé d'appeler les musulmans à la prière.

Dès le VIIIe siècle, les hagiographes musulmans rapportent des faits troublants qui tendent à montrer qu'une grande *baraka* illuminait les faits et gestes de Mohamed, bien avant qu'il ne perçoive le *wahyi*, cette inspiration suprasensible à caractère divin, base de la Révélation.

Les musulmans disposent d'un immense corpus apologétique qui détaille la vie et l'œuvre du Prophète. La rédaction en a été confiée aux proches Compagnons et, plus tard, aux meilleurs biographes. Appelée *Sira*, diminutif de l'expression arabe *Sirat ar-rassoul*, qui signifie "La Conduite/Vie du Prophète", cette apologétique est également la base logique de la *sounna* (Tradition), autrement dit la "voie médiane" et consensuelle de l'orthodoxie. De quoi s'agit-il exactement ? La question est d'importance, car, tout de suite après le Coran, la *sounna* est, aux yeux de la plupart des musulmans, une source non négligeable du droit. Le *hadith* est toute parole, réflexion, attitude ou remarque émanant du Prophète et authentifiée comme telle par une chaîne de témoins auditifs directs. C'est à la fin du VIIIe et dans le courant du IXe siècle que six recueils de *hadith*, considérés comme "authentiques", furent consignés. Deux d'entre eux, le

Sahih de Bokhari (810-870) et le *Sahih* de Mouslim ibn Hajjaj (816-875), ont un prestige supérieur à tous les autres. Enfin, les musulmans tiennent en très haute estime des théologiens érudits comme Abou Hanifa, l'*imam* ach-Chafi'i, Ibn Hanbal, At-Tirmidhi, Abou Dawoud, Ibn Maja, An-Nasa'î, an-Nawawi et Malik ibn Anas, qui ont vécu entre le VIIe et le XIIIe siècle, et ont laissé de précieux écrits comme le célèbre ouvrage intitulé *al-Mouwatta* de Malik ibn Anas.

En tant que "messager de Dieu" (*rassoul Allah*), Mohamed est, aux yeux des musulmans, le "sceau des prophètes". En effet il parachève la tradition monothéiste inaugurée par ses grands prédécesseurs, Adam, Abraham, Moïse et Jésus : "Muhamed n'est le père d'aucun homme parmi vous, mais il est le Prophète de Dieu ; le sceau des prophètes [5]" (Les Factions, XXXIII, 40).

Fondateur de l'islam, Mohamed est un prophète universel et un législateur. Son paraphe c'est le Coran, la révélation dont il a été chargé ; son message c'est la fidélité à une Parole divine inaltérable ; sa mission c'est l'établissement de la paix sur le monde.

Chef de guerre et fin stratège, il met un terme à sa mission quelques semaines seulement avant sa mort après avoir combattu plus de vingt années durant le polythéisme de ses ennemis, essuyé nombre de trahisons et revers, converti un grand nombre de païens et affranchi des dizaines d'esclaves. Dans le souvenir des musulmans cependant, la bataille de Badr du nom d'un lieudit du sud de Médine, qui a lieu le 17 mars 624, sonne le glas de l'Arabie païenne, car pour la première fois une poignée de musulmans allait défaire l'armée de Qoraïche, forte de plusieurs centaines de soldats bien entraînés. Le 4 décembre 656, une autre bataille mémorable, la bataille dite du "Chameau", se déroula entre 'Ali, futur quatrième calife et deux grands chefs ennemis, soutenus par 'Aïcha. Elle fut remportée par 'Ali.

Mohamed prononça ses dernières paroles publiques sur le mont 'Arafat, lors d'un pèlerinage d'adieu, à l'endroit même où, tous les ans, les musulmans se rendent en masse pour remplir l'une des cinq conditions de leur foi, le *hajj*.

1. "[Évoque] Jésus, fils de Marie, quand il dit aux fils d'Israël : 'Je suis l'envoyé de Dieu auprès de vous [venant] confirmer ce qui, de la Thora, est antérieur à moi et annoncer un messager qui viendra après moi, dont le nom sera Ahmed' " (sourate as-Saff, LXI, 6 ; trad. H. Boubakeur).

2. Dis à celui qui s'égare : "Je suis seulement chargé de vous avertir" (Les Fourmis, XXVII, 92).

3. "Muhamed n'est le père d'aucun homme parmi vous, mais il est le Prophète de Dieu" (Les Factions, XXXIII, 40).

4. "N'as-tu pas vu comment ton Seigneur a traité les hommes de l'éléphant ?" (L'Éléphant, CV, 1).

5. Voici l'arbre généalogique traditionnel du Prophète Mohamed tel qu'il est donné par Abou'l-Feda : Abou'l-Qaçim Mohamed était fils d'Abdallah, fils d'Abd al-Mouttalib, fils de Hachîm, fils d'Abd-Menaf, fils de Kossaï, fils de Kaleb, fils de Morrah, fils de Ka'b, fils de Louwaï, fils de Ghaleb, fils de Fakhr ou Qoraïche, fils de Malek, fils de Nadhr, fils de Kenana, fils de Khozaïma, fils de Moudraka, fils d'Ilyâs, fils de Modhar, fils de Nezar, fils de Ma'd, fils d'Adnân lequel est un descendant direct d'Ismaïl, fils d'Abraham.
Par ailleurs, Mohamed est le nom donné à la quarante-septième sourate du Coran (XLVII).

CHAPITRE 3

LE CORAN

PAROLE INCRÉÉE, VERBE INCARNÉ ET SOUFFLE DIVIN

C'EST DANS UNE CAVERNE PROCHE DE LA MECQUE, GHÂR HIRA, QUE VERS L'AN 610 OU 611 LE PROPHÈTE MOHAMED ENTENDIT LORS de l'une de ses retraites l'ange Gabriel, *Jibrîl*, lui dire : " Récite, lis, annonce (*iqrâ'*)". Surpris, le Prophète répondit : "Mais je ne sais pas lire". L'ange Gabriel lui demanda alors de répéter la Parole : "Lis au Nom de ton Seigneur qui a créé ! Il a créé l'homme d'un caillot de sang. Lis ! Car ton Seigneur est le Très-Généreux qui a instruit l'homme au moyen du calame et lui a appris ce qu'il ignorait" (Le Caillot de sang, XCVI, 1-5).

Ce sont là les premiers mots de cette "Parole" incréée et sublime, énoncée par l'ange Gabriel, annoncée par le Prophète et transmise aux hommes par le truchement de récitateurs (*houffaz*) dont la mémoire prodigieuse a permis de la préserver de l'oubli.

Révélé dans sa totalité en une langue arabe "claire[1]", la langue du Hidjaz, et n'acceptant aucun aménagement, ni ajout, ni suppression, le Coran est le Livre par excellence, le Livre sur lequel aucun doute n'est permis (la *rayba fihi*), car le doute en cette matière relève de l'incroyance. "Voici le Livre ! Il ne renferme aucun doute ; il est une direction pour ceux qui craignent Dieu. [...] Quant aux incrédules : il est vraiment indifférent pour eux que tu les avertisses ou que tu ne les avertisses pas ; ils ne croient pas. Dieu a mis un sceau sur leurs cœurs et sur leurs oreilles ; un voile est sur leurs yeux et un châtiment terrible les attend" (La Vache, II, 1-6).

Du reste, le *moushaf*, le Coran physique que nous pouvons consulter et toucher, n'est, aux yeux des ésotéristes musulmans, que la copie visible, l'archétype divin, de cette *materia prima* qui est préservée de toute éternité sur une Table gardée [2]. Le terme *Cor'ân* vient du verbe *qaraa* et du substantif *qirâ'a*, qui signifie "lecture" ou "récitation", rappelant ainsi la dictée de l'archange au Prophète qui commença vers l'année 610-611 pour s'achever en l'an 632 après J.-C.

Le Coran fut successivement révélé à La Mecque – cette révélation est dite de la "première période" (611-622) – et à Médine – "seconde période"(622-632). Il regroupe cent quatorze chapitres appelés sourates et six mille deux cent dix-neuf versets, les *ayat*. Le verset, élément de base du Coran, est un signe puissant qui garantit la présence divine. Étymologiquement, il constitue un "miracle" et l'actualisation d'une volonté infiniment supérieure.

Les sourates sont regroupées en soixante sections distinctes appelées *ahzab* et de longueur

Coran, grand manuscrit en écriture arabe naskhi *et interligne en écriture persane* nasta'liq. *Iran vers 1820. Galerie J. Soustiel.*

اقتربت الساعة وانشق القمر

بسم الله الرحمن الرحيم

الم ذلك الكتاب لا ريب فيه هدى
للمتقين الذين يؤمنون بالغيب
ويقيمون الصلوة ومما رزقناهم ينفقون
والذين يؤمنون بما انزل اليك وما
انزل من قبلك وبالآخرة هم يوقنون
اولئك على هدى من ربهم واولئك هم المفلحون

بسم الله الرحمن الرحيم
الحمد لله رب العالمين الرحمن الرحيم
مالك يوم الدين إياك نعبد
وإياك نستعين اهدنا الصراط
المستقيم صراط الذين
أنعمت عليهم غير المغضوب
عليهم ولا الضالين

variable. Les plus longues, de la sourate II (La Vache) à la sourate LXXI (Noé), peuvent comprendre jusqu'à plusieurs centaines de versets. La plus longue sourate du Coran qui est La Vache en compte deux-cent-quatre-vingt-six. Les chapitres de taille moyenne vont de la sourate LXXX (Il s'est renfrogné) à la sourate XCII (La Nuit). Les chapitres les plus courts comptent parfois seulement trois versets. Ils vont de la sourate XCIII (La Clarté du jour) à la sourate CXIV (Les Hommes), la dernière du Livre saint, qui compte six versets. Chaque section, la neuvième exceptée [3], est précédée d'une invocation à Allah, une *basmala*, clé symbolique introduisant au mystère coranique. Inaugurant l'ensemble, la *fatiha* (qui signifie "l'Ouvrante", la "Liminaire") est l'une des sourates les plus récitées. Ses sept versets (voir en page 9) portent le titre prestigieux de "Mère du Livre", car selon une tradition prophétique elle en résume la richesse et la complexité.

On considère que c'est Zayd ibn Thabit, le secrétaire du Prophète, qui aurait lancé, sur ordre du calife Othman, entre 644 et 656, les bases de la future vulgate du Coran.

Depuis lors, s'il est chanté et psalmodié dans les mosquées, le Coran est surtout recopié, médité, interprété et appris dans des écoles coraniques (*madâris*). Enfin, il est énormément traduit [4]. Apprendre le Coran est un acte de grande bénédiction pour tous les musulmans. Il est souvent un préalable à l'exégèse coranique, à la théologie et à la jurisprudence islamiques.

Texte puissant, donné sous forme d'une prise de conscience continue et d'une explication ininterrompue, ce "grand miracle" a pour fondement un argument esthétique incontournable : "Si vous êtes dans le doute au sujet de ce que nous avons révélé à notre serviteur, apportez-nous une sourate semblable à ceci ; appelez vos témoins autres que Dieu si vous êtes véridiques" (La Vache, II, 23).

1. "Mais celui auquel ils pensent parle une langue étrangère, alors que ceci est une langue arabe claire" (Les Abeilles, XVI, 103).

2. "Ceci est au contraire un Coran glorieux écrit sur une Table gardée !" (Les Constellations, LXXXV, 22).

3. Il s'agit de la sourate intitulée L'Immunité.

4. Traduit en latin dès l'époque médiévale, le Coran n'a pas cessé de progresser dans toutes les langues connues de l'humanité. Mais c'est à la fin du siècle dernier et dans le courant de celui-ci que les traductions ont été les plus nombreuses et les plus achevées. Outre le français (pas moins de douze traductions importantes), l'allemand et l'anglais, il faut signaler, pour mémoire, le finnois (dès 1942), l'afrikaans (1950), le basque (1952), le gaélique, le lowlandais d'Écosse (1948) ou le yiddish, avec des caractères hébraïques (1950). Il y a aussi le plattdeutsch dès 1698, le suisse romanche (1949), le volapük (langue universelle inventée en 1879 par Johann Martin Schleyer), dès 1951. Enfin, l'hindoustani, l'uzbek, le chinois, le malinké, le swahili, le peuhl, etc.

Double page précédente : Coran, petit manuscrit en écriture arabe naskhi. *Frontispice portant la* fatiha *et le début de la deuxième sourate. Turquie, art ottoman, début* XVIII*e s. Galerie J. Soustiel.*
Ci-contre : page du Coran de la mosquée de Paris.

CHAPITRE 4

LA PROFESSION DE FOI

ACTE FONDATEUR DE TOUTE CROYANCE EN ISLAM, LA *CHAHADA* EST ÉGALEMENT LE POINT INITIAL DU DOGME

VÉRITABLE JOYAU DE LA FOI, LA *CHAHADA* EST AU PLAN SPIRITUEL L'APPORT PRINCIPAL DE MOHAMED. ELLE CONSISTE À PRONONCER la formule suivante : "Je témoigne qu'il n'y a aucun autre dieu que Dieu et je témoigne que Mohamed est l'Envoyé de Dieu".

Chahada veut dire "affirmer", "attester" mais aussi "témoigner de l'existence et de l'unicité divines". C'est l'acte de piété le plus intime du musulman, le signe manifeste de son adhésion à la foi du Dieu unique, le moyen de greffer la croyance individuelle sur le rameau de la foi commune et d'affranchir le croyant de ses penchants égotistes, du narcissisme qui l'assaille [1].

Elle requiert un préalable que les musulmans désignent par "bonne intention" ou "intention louable" (*niyya*). Un propos du Prophète le rappelle avec force : "Il n'est aucun acte qui n'ait sa validité sans bonne intention et chaque être est jugé selon cette intention [2]."

L'édifice de la foi lui-même est bâti sur cette *niyya*, intention primordiale que l'on peut définir par une expression imprégnée de psychologie : "disposition de sincérité" ou *sidq*. La *niyya*, comme la *chahada* qui la couronne, exclut évidemment toute ostentation et toute action blâmable. Aujourd'hui encore, tout être humain adulte et sain d'esprit qui prononce cette formule avec conviction devient musulman aux yeux de la loi divine car : "Seuls sont vraiment croyants ceux qui croient en Dieu et en son Prophète, sans plus jamais en douter ensuite" (Les Appartements privés, XLIX, 15).

Si la *chahada* est l'acte le plus simple de la religion musulmane, il en est aussi le plus important. Il conditionne le dogme sur lequel repose la foi, étant entendu que celle-ci débute par la récitation de cette formule. Il est notamment la manifestation des attributs divins car tout ce qui concerne le Créateur se trouve revivifié par l'amour que les croyants lui donnent. On rapporte que, selon Abou Sa'îd El-Khodri, un musulman est venu voir le Prophète et lui demanda s'il était suffisant de réciter la formule coranique : "Dis : Lui Dieu est Un" (Le Culte pur, CXII, 1). Ayant compris que le requérant avait peur de ne pas satisfaire aux conditions du dogme, le Prophète Mohamed aurait répondu : "Par celui qui tient mon âme en sa main, ces quelques mots équivalent au tiers du Coran [3]."

Or, le fait de témoigner tant de l'unicité divine (première *chahada*) que de l'authenticité du message prophétique (deuxième *chahada)* sont des gestes qui impliquent d'un côté la conscience

La prière musulmane fait appel à une gestuelle caractéristique, chacun des gestes ayant sa signification propre.

لا اله الا الله محمد رسول الله

profonde du croyant et, de l'autre, sa responsabilité. Ces témoignages n'ont aucun sens s'ils sont arrachés par la contrainte, suite à une manipulation mentale ou à un quelconque subterfuge : "Ô vous qui croyez ! Croyez en Dieu et en son Prophète, au Livre qu'il a révélé à son Prophète et au Livre qu'il a révélé auparavant. Quiconque ne croit pas en Dieu, à ses Anges, à ses Livres, à ses prophètes et au Jour dernier, se trouve dans un profond égarement" (Les Femmes, IV, 136).

Formule bénie, la *chahada* est en outre l'une des voies d'accès, sans doute la plus sûre vers plus de sincérité dans l'exercice de sa religion. On passe ici de la simple formule qui consiste à prononcer avec conviction les noms d'Allah et du Prophète au contenu même de cette prononciation, à sa signification spirituelle. Car pour les musulmans tout acte humain peut conduire le fidèle soit dans la direction du bien, soit dans celle du mal. Seule la foi est suffisante pour le maintenir dans la bénédiction d'Allah.

Et cette foi est multiple. S'acquitter des conditions de la foi prend des formes différentes : ne pas être médisant, ni menteur ou envieux constitue un acte de foi; rechercher la paix et la concorde, prêcher la justice entre les hommes, manifester de la tolérance pour autrui sont des actes de foi. Désirer sincèrement la présence de son prochain, secourir le plus faible, faire l'aumône le sont aussi. Un *hadith* rappelle en fait que "la foi comporte soixante et quelques branches [4]."

Au fond, la profession de foi est la synthèse de toute la vie de l'individu. Tout en symbolisant sa conviction à un moment donné, elle fait de lui un acteur agissant de la communauté des fidèles. Ce qui explique que tout en étant la première condition de l'islam, la *chahada* est également la formule que le croyant doit prononcer lorsqu'il sent que son heure est venue, sur son lit de mort : clé de la vie terrestre, elle se révèle aussi formule de passage dans l'autre monde.

Une tradition autorisée prétend que cette phrase est la répétition d'une phrase initiatique prononcée par l'ange Gabriel et apprise par le Prophète.

1. Points communs du Coran avec le christianisme et le judaïsme : même Dieu, même ange intercesseur, Gabriel (Jibrîl), Adam et Ève (Hawa). L'islam a un respect sincère pour les prophètes qui ont précédé Mohamed, dont certains sont nommément cités dans le Coran : Abraham (Ibrahîm), l'Ancêtre, père d'Ismaël (Ismaïl) et d'Isaac (Ishaq), Jésus ('Isa), David (Dawoud) et Joseph (Youssef) et pour Marie (Mériem). D'autres sont juste évoqués : Élie, Jean, Job, Jonas, Saül, Zacharie... L'islam reconnaît l'authenticité des livres saints, surtout Bible et Thorah. En revanche, la trilogie Père, Fils et Saint Esprit est récusée, car Allah, l'Unique, ne peut accepter de se multiplier ni d'avoir de progéniture. Ce serait pour les musulmans comme un anthropomorphisme et une hérésie.
2. *Hadith* du Prophète.
3. *Ibid.*
4. *Ibid.*

Calligraphies de la chahada.
En haut, réalisée par Sayyid Muhammad Hasan, 1897-1898. En bas, réalisée par Shekif en 1860-1861. Turquie. The Nasser D. Khalili Collection of Islamic Art.

CHAPITRE 5

LA PRIÈRE

PRIER C'EST ACCEPTER L'ISLAM COMME RELIGION DU DIEU UNIQUE ET MOHAMED SON PROPHÈTE

LA PRIÈRE CONSTITUE L'UN DES CINQ FONDEMENTS DE L'ISLAM, TOUT DE SUITE APRÈS LA PROFESSION DE FOI. QUOTIDIENNE, RÉPÉTÉE cinq fois, la prière représente la forme la plus visible de l'attachement du croyant à son culte.

En principe, la prière collective est plus méritoire que la prière individuelle, la première ayant, dit-on, vingt-sept fois la valeur spirituelle de la seconde. De là l'importance qu'acquiert la prière du vendredi, *al-djoumou'a*, le jour de la (grande) réunion de la communauté.

Le Coran rappelle que l'observation de ce rite ne peut avoir lieu que lorsque la sécurité de l'âme et du corps est assurée : "Acquittez-vous de la prière, quand vous êtes en sécurité. La prière est prescrite aux croyants à des moments déterminés" (Les Femmes, IV, 103).

Le cycle journalier débute au coucher du soleil et s'achève à la même heure le jour suivant. Le moment des prières quotidiennes est de ce fait établi en fonction du lever, de l'apogée et du coucher du soleil. Les prières rituelles sont au nombre de cinq :

– *As-soubh* entre l'aube et le lever du jour ;
– *Az-zouhr* lorsque le soleil est au zénith ;
– *Al-'asr* s'exécute dans l'après-midi ;
– *Al-maghrib* au coucher du soleil ;
– *Al-'icha* a lieu dans le courant de la soirée, avant de se coucher.

Lors de la prière, les croyants des deux sexes sont tenus à une décence parfaite. Si la prière est effectuée chez soi, le tapis et les abords de l'endroit où elle se déroule doivent être exempts de toute souillure. Plus encore, la prière musulmane n'est valable que lorsque le fidèle s'est entouré de conditions précises de purification, qui impliquent une série d'ablutions : "Ô vous qui croyez ! Lorsque vous vous disposez à la prière : lavez vos visages et vos mains jusqu'aux coudes ; passez les mains sur vos têtes et sur vos pieds, jusqu'aux chevilles" (La Table servie, V, 6).

L'actuel rite d'ablution se déroule selon un ordre précis. Le fidèle doit d'abord décider en conscience de procéder aux ablutions en vue d'une prière. Il doit ensuite prononcer la *basmala*, "Au nom d'Allah", la formule de dévotion à Dieu. Alors seulement les lavements eux-mêmes peuvent commencer. Ils concernent les mains, la bouche, le nez, le visage, les oreilles, les avant-bras, la tête et les pieds.

Chaque geste est répété trois fois, en commençant par le côté droit qui est bénéfique dans toute l'aire sémético-orientale. Une telle lustration montre clairement que l'eau jouit d'un statut

"Dieu a établi pour vous la terre comme un tapis"(Noé, LXXI, 19).

symbolique qui excède sa simple fonction d'hygiène. Il existe aussi une "ablution sèche", une purification par la terre ou par le sable. En effet, lorsque le musulman manque d'eau, il lui est permis d'utiliser, en substitution, un galet ou une poignée de sable : "Si vous êtes en état d'impureté légale [...] et que vous ne trouviez pas d'eau, recourez à du bon sable que vous passerez sur vos visages et sur vos mains" (La Table servie, V, 6).

Mais la pureté rituelle a son envers : elle est compromise chaque fois que le fidèle s'est souillé consciemment ou inconsciemment. Dans certains cas, contact sexuel, accouchement ou règles, il est appelé à se laver entièrement, selon un usage appelé *ghousl*, tout aussi codifié que celui des ablutions.

Mais la prière est un acte de foi chaque fois qu'elle est observée non pas seulement selon les dispositions canoniques de purification, de temps et de lieu, mais surtout lorsqu'elle répond à un désir ardent du fidèle. Chaque prière est composée de plusieurs cycles, (*raq'a* pl. *riqa'*), qui se succèdent d'une même façon :

– position verticale initiale, les mains levées au niveau du visage ;

– inclinaison du buste, les mains à plat sur les genoux ;

– double prosternation, les mains posées sur le tapis de prière ;

– retour à la position verticale.

Après deux, trois ou quatre *riqa'*, la prière s'achève par une *jalsâ* ou position assise. Ainsi, après que le fidèle s'est mis sous la protection divine et a réaffirmé sa puissance par une formule appelée *takbir* ("Allah est le plus grand"), il poursuit ses louanges par la récitation de la *fatiha*, sourate inaugurale du Coran, et par une autre sourate, courte ou longue selon le moment. Viennent enfin plusieurs formules de bénédiction et de grâce. La glorification de Dieu (*tasbih*) est courte : "Gloire à notre Seigneur le Tout-Puissant, gloire à notre Seigneur le Très-Haut", ainsi que la formule de remerciement : "Allah entend celui qui le remercie, Notre Seigneur, à Toi la louange". Enfin, viennent la *chahada* et le *taslim*, qui est une salutation finale.

Outre les cinq prières quotidiennes, des prières supplémentaires en nombre limité sont recommandées.

L'appel à la prière (*adhan*) est lui aussi répété cinq fois par jour. Inauguré au temps même du Prophète, cet appel a été lancé pour la première fois par un Abyssinien affranchi du nom de Bilal. Celui-ci est donc le premier *muezzin* (*mou'adhin*) de l'histoire musulmane.

En marge de la prière canonique, que le Prophète aurait préférée parmi tous les biens de ce monde, il faut signaler le rôle joué par la méditation, qu'elle soit individuelle (*dou'a*) ou de groupe (*zikr*).

Prière collective exécutée en dehors de la mosquée, au square El-Hussain du Caire, Égypte, 1994.

CHAPITRE 6

L'AUMÔNE

THÉORIE ET PRATIQUE ISLAMIQUES DU DON

MISE EN ŒUVRE DU PARTAGE DES BIENS ACQUIS ICI-BAS ET CONSIDÉRÉS COMME DES FAVEURS DIVINES, L'AUMÔNE LÉGALE FAIT partie des perfections exigées par l'islam, dont elle est aussi l'une des cinq conditions de validité.

Il existe deux catégories d'aumônes. La première est obligatoire, c'est la *zakat* [1]. Elle est mentionnée dans le Coran : "Prélève une aumône sur leurs biens pour les purifier et les rendre propres" (L'Immunité, IX, 103) et traduit le plus nettement le lien entre aumône et purification. Elle est calculée sur la base des possessions réelles, biens immobiliers, capital et revenus susceptibles de donner lieu au don et au partage.

C'est une aumône annuelle légale, codifiée et imposée à chaque musulman majeur, indépendamment de son sexe ou de son origine. Cette première catégorie d'aumône équivaut donc à un véritable impôt que versent tous les musulmans à la communauté ou au Trésor public en vue de garantir la solidarité entre classes sociales.

Le Coran précise : "Les aumônes sont destinées : aux pauvres et aux nécessiteux ; à ceux qui sont chargés de les recueillir et de les répartir ; à ceux dont les cœurs sont à rallier ; au rachat des captifs ; à ceux qui sont chargés de dettes ; à la lutte dans le chemin de Dieu et au voyageur" (L'Immunité, IX, 60). L'aumône a évolué avec la société et s'est adaptée aux conditions historiques et économiques qui caractérisent la religion islamique. Il n'est plus question aujourd'hui de captifs à racheter ni de voyageurs à secourir. En revanche, la population musulmane ayant décuplé, la nouvelle pauvreté, surtout urbaine, est devenue visible. La dépense se fait désormais au profit des classes sociales défavorisées. La meilleure aumône n'est pas celle qui "coûte" le plus matériellement, mais celle qui est donnée avec ferveur et conviction.

Au premier temps de l'islam, un petit groupe de musulmans très pauvres est venu voir le Prophète pour lui soumettre le cas des riches dignitaires qui observaient scrupuleusement leurs engagements vis-à-vis de l'islam, mais qui, de plus, consacraient une partie de leurs biens à faire des aumônes substantielles. Le Prophète leur répondit en ces termes : "Est-ce qu'Allah ne vous a pas donné de quoi faire l'aumône ? En vérité chaque *tasbih* est une aumône, chaque *takbir* est une aumône, chaque *tahmid* est une aumône, chaque *tahlil* est une aumône. Ordonner le bien est une aumône. Et dans l'œuvre de chair de chacun de vous il y a une aumône [2]." Le *tasbih*, le *takbir*, le *tahmid* et le *tahlil* sont des formules courantes de

*Aumône spontanée (*çadaqa*) indépendante de la* zakat.

louange qui font partie de la prière musulmane et qui, à ce titre, sont régulièrement récitées par les croyants. Des théologiens de renom, El-Bokhari (810-870), Razi (1149-1209), Qortoubi (mort en 1273), etc., considèrent que la *zakat* a pour vertu de démultiplier les biens de celui qui le donne avec sincérité.

Le Livre saint rappelle de plus que l'on peut "racheter" ses péchés en versant sa dîme annuelle, car celle-ci a la même valeur que le repentir : "Mais s'ils se repentent, s'ils s'acquittent de la prière, s'ils font l'aumône, ils deviennent vos frères en religion" (L'Immunité, IX, 11).

Enfin, une tradition prophétique rapportée par El-Bokhari montre l'importance de la *zakat* dans les représentations populaires de l'au-delà : "Celui à qui Dieu aura donné des biens et qui n'en aura pas payé la dîme, Dieu au jour de la Résurrection fera apparaître ces biens sous la forme d'un python à la tête chauve, avec deux excroissances de chair. Le jour de la Résurrection, ce python s'enroulera autour du cou de cet homme ; il le prendra dans ses mâchoires et dira : 'Je suis ton bien, je suis ton trésor' [3]."

La seconde catégorie d'aumône, la *çadaqa*, est un don spontané que l'on fait aussi bien à un pauvre qui tend la main dans un souk qu'à une branche de la famille dans le besoin. Là encore, pour être considérée comme une œuvre pieuse la *çadaqa* doit provenir de biens légitimes et de gains honnêtes. Elle doit être concédée sans ostentation, si discrètement d'ailleurs que la main gauche doit ignorer totalement le don que fait la main droite. De plus le Coran précise que "vous n'atteindrez pas à la piété vraie tant que vous ne donnerez pas en aumône ce que vous aimez. Quoi que vous donniez en aumône, Dieu le sait" (La Famille de 'Imran, III, 92).

Associées à la prière, et la valant en tout, y compris dans le mérite auprès de Dieu comme l'a certifié le Prophète, ces deux aumônes sont évoquées dans plus de quatre-vingts versets du Coran, répartis sur trente-quatre sourates. Cette profusion prouve le caractère central de l'aumône dans le dogme musulman.

Si l'aumône facilite l'entrée au paradis, sans toutefois la garantir, tous les musulmans espèrent cependant que leur aumône sera suffisante pour leur réserver une place de choix dans l'au-delà.

1. Étymologie la plus probable : "Se purifier", de la racine *z-k-a*, *zakka* ou *tazakka* signifiant à la fois "s'acquitter de son aumône" et "se purifier", en conformité d'ailleurs avec le verset coranique qui dit : "Heureux celui qui se purifie, celui qui invoque le nom de son Seigneur, celui qui prie" (Le Très-Haut, LXXX-VII, 14-15).
2. *Hadith* du Prophète.
3. El-Bokhari, *Les Traditions islamiques*, t. 1, p. 455, Paris, Adrien Maisonneuve.

La personne qui donne doit ignorer ce que sa main cède.

C H A P I T R E 7

LE JEÛNE

S'ABSTENIR DE MANGER ET DE BOIRE POUR ÊTRE EN HARMONIE AVEC L'ESPRIT DE L'ISLAM ET PARTAGER LA PEINE DES PLUS DÉMUNIS

LE JEÛNE DU MOIS DE RAMADAN, NEUVIÈME DU CALENDRIER MUSULMAN, EST CONÇU COMME UNE PRIVATION DE NOURRITURE, mais il s'agit d'une privation voulue et acceptée. Il est le mois sacré, celui de la révélation coranique : "Le Coran a été révélé durant le mois de Ramadan. C'est une Direction pour les hommes; une manifestation claire de la Direction et de la Loi" (La Vache, II, 185).

Selon un usage très ancien, le mot *ramadan* désigne aussi la pratique du jeûne en elle-même, de sorte qu'il remplace souvent, et improprement, celui de *çawm* qui signifie "abstention" : "Ô vous qui croyez ! Le jeûne vous est prescrit comme il a été prescrit aux générations qui vous ont précédés – Ainsi craindrez-vous Dieu" (La Vache, II, 183).

Quatrième "pilier" de l'islam, le mois de ramadan est obligatoire pour tous les croyants, hommes ou femmes, à partir de la puberté. Les malades, les nourrices, les femmes enceintes et les voyageurs en sont exemptés. Les fous et les jeunes enfants n'y sont pas tenus. En revanche, ceux dont l'impossibilité n'est que temporaire, comme la femme indisposée, ou qui sont empêchés de manière valable (un traitement médical) doivent remplacer, dans l'année, les jours non jeûnés. Le début du jeûne légal est établi dès lors qu'un fidèle digne de foi aperçoit la formation du croissant de lune. Il est postulé en effet que : "Quiconque d'entre vous verra la nouvelle lune jeûnera le mois entier" (La Vache, II, 185).

Vieil emblème sassanide, le croissant de lune est devenu progressivement le symbole distinctif de l'islam. Bien qu'il figure depuis longtemps dans les armoiries de l'empire ottoman, c'est seulement au XIXe siècle qu'il fut associé aux emblèmes des autres pays musulmans. La tradition s'est ainsi perpétuée jusqu'à présent, mais depuis que la science astronomique a permis aux Arabes de calculer avec une certaine fiabilité l'apparition de la lune (le premier observatoire astronomique fut construit à Bagdad en 820), on accepte l'apport des savants. Cependant, chaque fois qu'il s'agit de revenir à la lettre du Coran, l'observation directe de la nouvelle lune mobilise fortement les fidèles, ce qui augure d'un mois de privation bénéfique. De nos jours, bien sûr cette pratique est naturellement davantage répandue dans les régions désertiques, dans les campagnes et dans le Sahel que dans les villes.

Le jeûne effectif débute un peu avant l'aube (*fajr*) et s'achève après le coucher du soleil (*imsak*), au moment de la première prière du soir (*maghrib*). Les fidèles peuvent prendre une collation

Le croissant de lune (hilal) *annonce le mois sacré du ramadan, mais les calculs astronomiques et l'avis unanime des savants a de plus en plus tendance à faire référence.*

avant le lever du jour. Des aide-mémoire, largement diffusés, donnent les horaires de début et de fin du jeûne diurne. Ils sont relayés de nos jours par les informations données par les chaînes de radio ou de télévision. Ceci est surtout le cas pour les villes, dans les pays musulmans, mais aussi pour les musulmans établis dans des pays non musulmans.

Tant que l'interruption du jeûne (*iftar*) n'est pas annoncée, le musulman s'abstient de manger, de fumer et de boire. Il lui est également interdit d'avoir des relations sexuelles, même dans le cadre d'une union légitime. Il en va de même pour toute une série d'attitudes sociales condamnées par la morale commune (médisance, envie, vol, dispute, rivalité, ou mensonge par exemple). Commettre ces actes entraîne l'annulation de la valeur spirituelle du rite.

La vingt-septième nuit du mois de ramadan, la "Nuit du Destin" (*Laïlat al-Qadr*), est très importante, car la Révélation intervint lors de cette nuit particulière : "Nous l'avons révélé (fait descendre) durant la Nuit du Destin. Comment te faire comprendre ce qu'est la 'Nuit du Destin' ? La Nuit du Destin vaut bien plus que mille mois ! Les anges et l'Esprit descendent durant cette nuit, avec la permission de leur Seigneur, pour exécuter tout décret. Elle est salut et paix jusqu'au lever du jour !" (Le Destin, XCVII) [1].

Le ramadan est également un mois de grâce, de grande ferveur religieuse et une occasion de pardon. L'entraide collective s'y exprime plus ouvertement et plus fréquemment. Les plus fervents parmi les jeûneurs rejoignent les mosquées et s'adonnent, une partie de la nuit, à une prière supplémentaire appelée *Salat at-tarawih* c'est-à-dire "Prière de Détente" ou "du Repos".

Malgré ses grandes exigences, le mois du jeûne rituel est abordé par les musulmans avec joie, confiance et sérénité. D'après Abou-Horaïra (VIIe s.), le Prophète aurait dit : "Quand le ramadan commence, les portes du ciel s'ouvrent, les portes de l'enfer se ferment, et les démons sont enchaînés [2]."

1. Traduction de Hamza Boubakeur, Paris, Maisonneuve et Larose, 1995.
2. El-Bokhari, *Les Traditions islamiques*, t. 1, p. 607, Paris, Adrien Maisonneuve, 1995.

Les rites alimentaires en islam sont très codifiés. Les fruits secs et les sucreries ne font cependant l'objet d'aucun interdit particulier.

CHAPITRE 8

LE PÈLERINAGE

RENCONTRE DANS LA MAISON DE DIEU AVEC LA COMMUNAUTÉ DES CROYANTS

APRÈS LA PROFESSION DE FOI, LA PRIÈRE, L'AUMÔNE ET LE JEÛNE, LE PÈLERINAGE À LA MECQUE EST LE CINQUIÈME – ET DERNIER – pilier de l'islam. Il est obligatoire pour les adultes musulmans des deux sexes qui ont les moyens matériels de s'en acquitter, ne serait-ce qu'une fois dans leur vie [1].

Le grand pèlerinage (*al-Hajj*) se compose de plusieurs étapes réparties en plusieurs jours, habituellement du 8 au 12 *Dhou al-hijja*, douzième mois du calendrier musulman. Il est accompagné de rituels de purification parfaitement codifiés. La période dont parle le Coran est une période sacrale, c'est-à-dire soumise à des règles de purification, les plus caractéristiques étant celles qui touchent au vêtement et à la parure. Voici un propos du Prophète que rapporte 'Abdallah ben 'Omar (VIIe s.) : "L'homme en état d'*ihram* ne doit revêtir ni *qamiç*, ni turban, ni pantalon, ni burnous, ni vêtement qui ait été touché par le safran ou par le *ouers* (plante tinctoriale), ni bottines, à moins qu'il ne trouve pas de souliers ; alors, s'il n'en trouve pas, il coupera ses bottines plus bas que les chevilles [2]."

Le pèlerinage musulman comporte cinq étapes. La stricte observance de ce parcours est la seule garantie de validité du pèlerinage :

1. DÉPART POUR 'ARAFAT (8 *Dhou al-hijja*), mont sacré de l'islam situé à 21 km de La Mecque. À son arrivée à La Mecque, le croyant doit se purifier (*ihram*) en se "dépouillant" de ses vêtements habituels pour un habit blanc d'étoffe non cousu et en évitant de transgresser les interdits majeurs que sont le sang versé, le commerce sexuel et la pratique de la chasse. En outre : "Le pèlerin devra s'abstenir de toute cohabitation conjugale et de disputes…" (La Vache, II, 197).

Le pèlerin accomplit sept tours pédestres autour de la Kaaba (*tawaf*). Ces circumambulations peuvent être réalisées en compagnie d'un guide dont c'est le métier (*moutawîf*). Il adresse alors à Dieu des prières et des invocations dont la plus connue et la plus importante est la *talbiyya* [3]. Ce cycle s'achève par une prière sur le Site d'Abraham qui se trouve sur l'esplanade de la Kaaba.

Enfin, le pèlerin effectue sept fois de suite le parcours (*sa'y*) entre Safa et Marwa, deux monticules intégrés dans le déroulement du rite. Ce cheminement évoque celui de Hagar, lorsque, prise de panique, elle dut trouver de l'eau pour son fils Ismaël. Pour le préserver d'une mort certaine, Allah fit jaillir devant elle une source d'eau fraîche située non loin du *mataf*, le parcours

Foule de pèlerins se rendant à La Mecque.

circulaire dont un grand portique rappelant la "course" d'Hagar marque aujourd'hui l'entrée. Forte de sa *baraka*, cette eau saumâtre est appelée *Zemzem*. C'est celle que les pèlerins ramènent chez eux dans de petites fioles appelées *zemzemiyate*.

II. STATION À 'ARAFAT (9 *Dhou al-hijja*). Les pèlerins se réunissent à 'Arafat autour du mont ar-Rahma et prient Dieu pendant la journée, en récitant notamment la *talbiyya*. Cette station du 9 *Dhou al-hijja* est importante. Elle rappelle le dernier acte public du Prophète lorsque, s'acquittant de son "Pèlerinage d'Adieu", il dut monter à 'Arafat, pour prononcer son dernier discours et livrer cette Révélation : "Aujourd'hui, j'ai rendu votre Religion parfaite; j'ai parachevé ma grâce sur vous; j'agrée l'islam comme étant votre Religion" (La Table servie, V, 3). Après avoir prononcé les prières de l'après-midi, les pèlerins se lèvent et invoquent la miséricorde divine, car selon la tradition la station de 'Arafat est le point culminant du pèlerinage. Elle ne doit être manquée sous aucun prétexte. Après le coucher du soleil, les pèlerins quittent 'Arafat en direction de Mina, située à 5,5 km de La Mecque. À mi-parcours, les pèlerins s'arrêtent à Mouzdalifa où ils passent la nuit. Ce retour est impressionnant pour les pèlerins, notamment pour les plus âgés qui ont souvent besoin de l'aide d'une tierce personne. En effet, le *nafr* est plus qu'une dispersion ou une marche; c'est une véritable ruée dont la signification remonte au rythme adopté par le Prophète lui-même qui accélérait ou ralentissait le pas selon les étapes du rituel.

III. JOUR DU SACRIFICE (YAWM AN-NAHR), MOUZDALIFA (10 *Dhou al-hijja*). C'est le rite d'immolation de la bête sacrificielle que l'on observe d'ailleurs, le même jour, dans l'ensemble du monde musulman. Ce sacrifice honore le geste d'Abraham qui, mis à l'épreuve par Dieu, a failli sacrifier son fils aîné Ismaël. En effet, contrairement à ce qui est raconté dans la Genèse [4], c'est Ismaël, et non Isaac, qui, selon les musulmans, aurait fait l'objet du troc archangélique lors du sacrifice d'Abraham [5]. Dieu, dans sa grande mansuétude, ayant dépêché l'archange Gabriel, substitua à l'enfant chéri un mouton qui, depuis, le remplace pour cet office. C'est en tout cas ce que soutiennent la plupart des commentateurs traditionnels du Coran. Ismaël est considéré comme l'ancêtre des Arabes bédouins et le Père de leur nation. En outre, une tradition ancestrale reconnaît à Ismaël le fait d'avoir assisté son père lorsque celui-ci, voyant que le Temple sacré de la Kaaba s'écroulait et tombait en ruines, avait dû le reconstruire.

IV. SÉJOUR À MINA (11 *Dhou al-hijja*). C'est là que se déroule la journée de méditation (*tarwiya*), qui se prolonge parfois les deux jours suivants (12 et 13 *Dhou al-hijja*). Un rite ancestral – et obligatoire – accompagne cette étape. Il s'agit de la lapidation de Satan (*rajm ach-chaïtân*) au moyen de pierres ramassées la veille à Mouzdalifa. Le démon est symbolisé par trois "stèles", dont la plus grosse est en permanence recouverte d'un amoncellement de petits cailloux. Après avoir effectué scrupuleusement tout ce parcours, le

*Pèlerin habillé d'une tunique blanche dite d'*ihram
au mont ar-Rahma *à 'Arafat.*

pèlerin se désacralise, sacrifiant tout ou partie de sa chevelure (beaucoup se rasent complètement la tête) abolissant ainsi tous les tabous qui le retiennent encore. Ces parcours et rituels, si codifiés, ont un sens particulier. La déambulation autour de la Maison sacrée est une réplique de ce que les anges exécutent autour du trône divin car, dit Ghazali, "la Maison de Dieu est un symbole visible dans le monde du Royaume de Dieu qui est invisible aux regards [6]." L'exégèse coranique scrute ainsi toutes les étapes du pèlerinage, en donnant de chacune d'elles une signification à plusieurs niveaux : manifeste, caché, profond, extrêmement profond... Seuls quelques initiés peuvent comprendre et, *a fortiori*, interpréter ce dernier degré.

À côté du grand pèlerinage, les musulmans pratiquent également la *'omra*, dite "petit pèlerinage" ou "pèlerinage mineur", car elle se limite au Haram, à La Mecque et à ses abords immédiats. Les deux ont cependant été évoqués par le Coran, ce qui les distingue aussitôt de la simple visite aux lieux saints (*ziyara*) : "Accomplissez, pour Dieu, le grand et le petit pèlerinages. Si vous en êtes empêchés, envoyez en compensation l'offrande qui vous est facile. Ne vous rasez pas la tête avant que l'offrande n'ait atteint sa destination. Si l'un de vous est malade ; s'il souffre d'une affection de la tête, il doit se racheter par des jeûnes, par une aumône, ou par des sacrifices" (La Vache, II, 196).

Tout en étant importante pour les musulmans pieux, la *'omra* est laissée à la discrétion de chacun. Elle peut avoir lieu à tout moment de l'année liturgique, période du *hajj* exceptée, avec une préférence cependant pour le septième mois (*radjab*) qui fait lui aussi partie des quatre "mois sacrés" [7]. Bien que ce soit un acte de grande bénédiction et qu'il octroie un réel avantage à celui qui l'effectue, la *'omra* ne peut se substituer au *hajj* qui seul confère le titre et le prestige du musulman accompli.

La force spirituelle du pèlerinage vient du fait qu'il garantit l'immersion totale du pèlerin dans le sanctuaire sacré. Il est aussi l'occasion de rencontrer physiquement l'immense communauté musulmane, *al-oumma al-islamiyya*, celle de ces hommes et de ces femmes – ils sont des millions à affluer de tous les pays du monde – qui honorent le même dieu.

1. "Il incombe aux hommes – à celui qui en possède les moyens – d'aller, pour Dieu, en pèlerinage à la Maison" (La Famille de 'Imran, III, 97).
2. El-Bokhari, *Les Traditions islamiques*, t. 4, p. 99, Paris, Adrien Maisonneuve, 1984.
3. "Me voici près de toi, ô mon Dieu, me voici" (*labayka allahouma labbayk*).
4. Genèse (XXXVI, 1-14).
5. Ceux qui sont placés en rang, XXXVII, 100-113.
6. M. Hamidullah, "Le pèlerinage à La Mecque", in *Les Pèlerinages*, Paris, Seuil, 1950.
7. Cités par le Coran (L'Immunité, IX, 36), ces mois sont : *Moharram* (1er), *Radjab* (7e), *Dhou al-qa'da* (11e) et *Dhou al-hijja* (12e). Également appelés mois de la "Trêve de Dieu", ils impliquaient au temps de l'Arabie ancienne un certain nombre d'interdits, dont la guerre intertribale.

Léon Adolphe Auguste Belly, Pèlerins allant à La Mecque, *1861*.
Collection du musée d'Orsay.

CHAPITRE 9

LA MECQUE

LIEU DE NAISSANCE DU PROPHÈTE, LIEU DE LA RÉVÉLATION DIVINE ET LIEU DU PÈLERINAGE SACRÉ

AUX YEUX DE TOUS LES MUSULMANS, LA MECQUE – ANCIENNEMENT BAKKA – VILLE SITUÉE AU CŒUR DU PLATEAU MINÉRAL DU Hidjaz, à 21° 26' 17" de latitude et à 37° 54' 45" de longitude, symbolise le centre vital de l'islam.

On lit dans le Coran : "Le premier Temple qui ait été fondé pour les hommes est, en vérité, celui de Bakka : il est béni et il sert de Direction aux mondes. Il y a là des signes manifestes, l'oratoire d'Ibrahîm (Abraham) et quiconque y entre y trouve un abri sûr. Dieu prescrit aux hommes, comme devoir envers lui, le pèlerinage à ce temple. Un devoir pour ceux qui en ont les moyens" (La Famille de 'Imran, III, 96-97).

Elle portait jadis le nom de "Mère des villes" ou "Métropole du monde" (*Omm al-qorâ*), ce qui équivaut à l'Omphalos grec, mais aussi le "Nombril du monde" comme l'appelèrent en particulier les géographes arabes médiévaux. Les musulmans lui donnent enfin le nom prestigieux de "Mecque ennoblie" (*Makka al-moukarrama*), en relation avec les quatre événements majeurs qui s'y déroulèrent : la naissance du Prophète, la Révélation coranique, l'établissement de la *qibla* et le pèlerinage annuel.

La Mecque jouit d'une histoire fort ancienne, notamment commerciale et littéraire, qui la prépara au rôle qu'elle a acquis effectivement à l'arrivée de l'islam (VIIe s. après J.-C.). Elle est parfois désignée par des noms honorifiques comme celui de *al-Baït al-'Atîq* (Le Lieu antique), *al-Balad al-Amine* (Le Pays sûr), *al-Baït al-Harâm* (La Cité interdite/La Maison sacrée) ou tout simplement : *Al-Haram* (La Cité interdite), *Al-Mouqaddassah* (La Plus Sainte des villes), etc.

C'est dans cette ville que le Prophète est né et qu'il a vécu jusqu'au moment où il fut élu par Dieu, autour de la quarantaine. Quintessence du divin, La Mecque est considérée sur le plan théologique comme le berceau de la première Révélation coranique, la seconde étant intervenue à Médine. C'est ainsi que s'explique la division du Coran en sourates meckoises et en sourates médinoises, le lieu de la révélation étant systématiquement indiqué au début de chacune d'elles ainsi que le nombre de versets qui la composent. Si du point de vue géographique La Mecque est située dans une région extrêmement aride et dénudée, elle n'en est pas moins le centre de gravité d'un certain nombre de lieux saints comme Safa, Marwa, la caverne de Hira, Mouzdalifa, le mont de la Lumière et, plus loin, le mont 'Arafat. Tous ces lieux sont d'une grande importance pour le pèlerinage.

Double page suivante et ci-contre : La Mecque accueille chaque année des millions de pèlerins suivant scrupuleusement les étapes qui leurs donnent le titre prestigieux de hadj.

Théâtre des premières conversions à la religion de Mohamed, de ses victoires et de ses défaites, comme des ralliements spectaculaires et des rivalités, La Mecque est aussi la ville qui persécuta les premiers musulmans et finit par les chasser vers Médine... Plus tard, elle sera de nouveau investie par le Prophète, qui la consacrera définitivement comme le point central de l'univers islamique. La Mecque fut aussi l'épicentre de tout un réseau de villes sacrées qui, de manière concentrique, parsèment l'Empire musulman depuis son expansion (VIIIe-XIIe s.).

Parmi celles-ci, et par ordre d'importance, La Mecque, Médine [1], ancienne Yathrîb – dite également la "Resplendissante" (*al-Mounawara*) – et Jérusalem (*al-Qods*) sont les trois villes saintes principales de l'islam. Médine, où se trouve actuellement le tombeau du Prophète, a été la première cité-État de l'islam parce que la communauté de Mohamed s'y est organisée dès 623. À cette première trilogie sacrée il faut ajouter un deuxième cercle de villes saintes, essentiellement chiites :

– Qom (Iran) où se trouve le sanctuaire de Fatima (XVIe s.), la sœur du huitième *imam* chiite ;

– Kerbala (Irak), à cent kilomètres environ au sud-ouest de Bagdad, lieu du martyre de Houssaïn, fils de Ali, tué en 680, dans une bataille tristement célèbre ;

– Nedjef (Irak), près de Koufa, dans les environs de Kerbala, où se trouve la tombe de 'Ali (600-661), le quatrième calife de l'islam et le gendre du Prophète.

Enfin, dans un espace géographique plus vaste, on trouve des villes ou des capitales qui ont joué un rôle non négligeable dans la propagation de l'islam : citons Damas, Bagdad et Le Caire, qui furent successivement le siège de quatre des plus importantes dynasties musulmanes : Omeyyades, Abbassides, Fatimides, puis Mamelouks ; citons aussi Kairouan, Tlemcen, Fez, Meknès, Marrakech, Cordoue et Grenade : chacune d'elles a illustré une période faste de l'islam et développé certains aspects de sa civilisation à un point souvent resté inégalé.

Au-delà de son importance théologique, La Mecque présente actuellement le visage urbain de l'islam, car c'est tout naturellement dans les villes que cette religion a vu s'épanouir son génie créateur et sa personnalité.

1. Deuxième ville sainte de l'islam. Elle est située à quelque 160 km de la mer Rouge et à 350 km au nord de La Mecque.

La Mecque dans son environnement géographique.
Miniature syrienne du XIXe s. Collection du musée des Arts populaires de Damas.

C H A P I T R E 1 0

LA KAABA

DIRECTION CANONIQUE DE TOUT ACTE PIEUX, ET EN PARTICULIER DE LA PRIÈRE

LA KAABA EST UN TEMPLE CUBIQUE (*MOUQA'AB*) SITUÉ AU CENTRE DE LA COUR DE LA GRANDE MOSQUÉE DE LA MECQUE. IL EST LE point où convergent tous les croyants et le lieu d'aboutissement des méridiens spirituels.

Par sa position centrale, la Kaaba, nommée justement *Baït Allah al-Haram* (la Maison de Dieu) ou encore *Baït al-Haram* (la Maison sacrée), est le temple principal de la religion musulmane. Il incarne la présence et le souffle divins.

Érigée, dit-on, par le patriarche Abraham – et son fils Ismaël –, la Kaaba est un bâtiment drapé d'un vêtement brodé (*kiswa*). Elle renferme dans son angle est la "Pierre noire" que les pèlerins doivent toucher lors de leur pèlerinage.

De ce point de vue, la Kaaba est véritablement la *qibla* terrestre, le point de concrétisation de la foi islamique et l'aboutissement de toutes les prières que les musulmans adressent quotidiennement à leur dieu. Dans la sourate intitulée La Vache, il est dit : "Tourne donc ta face dans la direction de la Mosquée sacrée. Où que vous soyez, tournez votre face dans sa direction" (La Vache, II, 144).

Le temple mesure un peu plus de quinze mètres de haut, dix mètres de large sur le petit côté et douze mètres pour la façade. À deux mètres au-dessus du sol, incrustée dans un châssis ovoïde d'une vingtaine de centimètres, on peut voir la "Pierre noire" qui est le foyer le plus intime du sanctuaire.

La légende veut que cette pierre fût à l'origine une hyacinthe blanche, qui s'est noircie peu à peu des péchés des hommes. La Kaaba doit son pouvoir d'attraction à cette pierre noire qui passe pour être le *mithaq*, le "pacte primordial" entre le Créateur et sa créature. Son contact impressionne fortement les pèlerins. De fait, elle est censée témoigner en leur faveur au jour du Jugement dernier. Lorsque le pèlerin arrive devant le temple, il y accède par la porte de la Paix, avant d'engager la révolution dans le sens inverse des aiguilles d'une montre. La partie située entre la pierre noire et la porte du temple s'appelle *al-Moultazam* et sert d'appui aux pèlerins au moment de leurs prières.

Voici comment un grand voyageur musulman de Valence, Ibn Jobaïr (1145-1217), décrit l'émotion qu'il ressentit à son contact : "La pierre, quand on la baise, a un moelleux et une fraîcheur dont la bouche est ravie, si bien que celui qui y pose ses lèvres souhaiterait ne les en point détacher. [...] Il suffit d'ailleurs que le Prophète ait dit qu'elle est la 'Droite [1]' de Dieu sur Terre [2]." La

Représentation de la Kaaba sur carreaux de céramique, Turquie iznik, XVIe s.
On peut lire en bas à droite : Minbar an-Nabi *(chaire du Prophète).*
Collection du musée du Louvre, département des antiquités orientales.

منبر النبي ع م

Kaaba est recouverte d'une tenture de brocart ou de soie noire, elle-même brodée d'inscriptions coraniques en fil d'or ou d'argent et qui sont des invocations à Allah, la *fatiha*, première sourate du Coran et d'autres versets encore.

Une fois l'an, cette tenture est changée lors d'un rituel symbolique qui se déroule pendant le pèlerinage. Autrefois on appelait *mahmal* la procession caravanière, haute en couleurs, qui convoyait la nouvelle tenture du Caire jusqu'à La Mecque. L'Égypte s'acquitta en effet de l'habillement du Temple à partir de l'époque mamelouk (XIIIe s.) avant que cet office ne revienne définitivement en 1924 à la dynastie wahhabite des Béni Séoud, gardiens des lieux saints, pour des raisons de souveraineté nationale.

Le temple lui-même est fait de pierre grisâtre ou gris-bleu des environs de La Mecque et de mortier provenant du Yémen. L'intérieur de la Kaaba a également retenu l'attention des pèlerins et des voyageurs.

Ibn Battuta (1304-1377) l'évoque longuement dans sa relation de voyage (*rihla*) : "L'intérieur de l'illustre *ca'bah* est pavé de marbre nuancé de blanc, de bleu et de rouge; il en est ainsi du marbre qui recouvre ses murailles. Il a trois colonnes excessivement élevées, faites avec du bois de teck, et qui sont séparées l'une de l'autre de la distance de quatre pas; elles occupent le milieu de l'espace qui constitue l'intérieur de l'illustre *ca'bah*. Celle du milieu fait face à la partie mitoyenne du côté qui est entre les deux angles de l'Irak (du Yémen) et de la Syrie [3]."

En 1956, face à l'afflux grandissant du nombre de pèlerins, les abords immédiats de la Kaaba ont été dégagés et un espace plus vaste et plus sobre a été redessiné. Des dallages ont été placés tout autour, tandis que le parcours entre Safa et Marwa, les deux petites collines saintes, a été élargi.

En définitive, la Kaaba, lieu vers lequel toutes les directions canoniques convergent, s'avère être un résumé du monothéisme musulman. Incarnant l'unicité du culte, elle est aussi la marque de l'unicité d'Allah et le lien indissociable de la communauté musulmane.

1. *Yamîn*, mot difficilement traduisible, car il a la même étymologie que le terme "droite", qui, s'opposant à *chimâl*, "la gauche", renvoie à une éventuelle latéralité, donc un antropomorphisme, de Dieu.
2. Ibn Jobaïr, *Voyages*, t. 1, p. 291, Paris, Paul Geuthner, 1982.
3. Ibn Battuta, *Voyages*, t. 1, p. 105, Paris, La Découverte, 1953-1956.

Un pèlerin en train d'accomplir le rituel d'embrassement de la "Pierre noire" de la Kaaba à La Mecque.

CHAPITRE 11

LA QIBLA

CLÉ SPIRITUELLE DE LA GÉOGRAPHIE ISLAMIQUE ET ORIENTATION VERS LA KAABA

DÉTERMINÉE PAR LE CORAN SUITE À UNE CONTROVERSE NOURRIE QUI OPPOSA LES INCROYANTS AUX MUSULMANS, LA *QIBLA* symbolise la direction de La Mecque dont elle est la figuration abstraite, la "focalisation" intense.

En effet, l'orientation initiale de la *qibla*, établie durant la période médinoise du séjour prophétique, fut Jérusalem (622 après J.-C.) et cela jusqu'à la révélation d'un verset, deux années plus tard, qui détermina le changement définitif de direction : "Nous n'avions établi la *Qibla* vers laquelle vous vous tourniez que pour distinguer ceux qui suivent le Prophète de ceux qui retournent sur leurs pas" (La Vache, II, 143).

Depuis, La Mecque, la Grande Mosquée et la Kaaba – qui représente la "clé" de la géographie spirituelle de l'islam – forment le centre vivant de l'islam. C'est pourquoi les croyants vérifient d'abord l'orientation dans laquelle ils se placent avant de se prosterner devant Dieu. Une fois l'orientation de la *qibla* définie, la terre rejoint le ciel en un lieu pur, la Kaaba, le Temple sacré de l'islam. On assiste souvent à des discussions animées entre croyants en l'absence de mosquée, donc de *mihrab* qui est le symbole architectural de la *qibla* dans une mosquée. Comment alors répondre à la prescription du Coran de se tourner vers La Mecque pour prier : "Nous te voyons souvent la face tournée vers le ciel ; nous t'orientons vers une *Qibla* qui te plaira. Tourne donc ta face dans la direction de la Mosquée sacrée. Où que vous soyez, tournez votre face dans sa direction" (La Vache, II, 144) ? Cette prescription est valable pour tout le cycle liturgique et pour attirer la bénédiction divine sur une immolation, un enterrement ou un mariage.

Les "Gens de la *Qibla*" (*Ahl al-Qibla*, surnom des musulmans) ne se réfèrent pourtant pas toujours à ce refuge ponctuel, aussi sacré soit-il, car, selon le Coran, "l'Orient et l'Occident appartiennent à Dieu" (La Vache, II, 115). Ce qui signifie clairement que l'orientation que l'on prend importe peu. Allah étant à l'origine et à l'aboutissement de tout, "quel que soit le côté vers lequel vous vous tournez, la face de Dieu est là" comme il est dit dans cette même sourate.

En fait, à l'image de la Mosquée des Deux Qiblas de Médine, l'ancienne mosquée de Qobâ, celle-là même où intervint le changement de *qibla*, une telle orientation a un sens parce qu'elle résume l'unité du centralisme du culte d'un côté et la tolérance de l'autre : La Mecque est non seulement le centre du monde mais elle est aussi dans le monde.

Boussole à qibla *utilisée, en l'absence de* mihrab, *pour déterminer la direction dans laquelle les pèlerins doivent se tourner pour prier. Iran, fin du* XIXe *s. The Nasser D. Khalili Collection of Islamic Art.*

CHAPITRE 12

LA MOSQUÉE

LIEU DE RASSEMBLEMENT DE LA COMMUNAUTÉ

CONÇUE À L'IMAGE DE LA PREMIÈRE MOSQUÉE DU PROPHÈTE, BÂTIE À MÉDINE EN L'AN 1 DE L'HÉGIRE (622 APRÈS J.-C.), LA MOSQUÉE (*AL-JAMI'*, ou encore *masjid al-joumou'a*) est le théâtre de la prière musulmane commune. À ce titre, elle est la symbolisation matérielle de l'islam et le lieu de manifestation de la ferveur collective.

Mais la mosquée joue un rôle bien plus vaste et plus complexe : elle est notamment l'établissement où se transmet l'enseignement religieux, grâce à des collèges qui lui sont attenants, l'académie morale où des actes sociaux comme le mariage sont scellés et surtout, après la prière, l'espace où se discute la vie de la communauté. C'est à la mosquée que les litiges entre musulmans sont réglés et c'est encore là que les innovations sont évaluées, condamnées ou autorisées. Enfin, et ce n'est pas le moindre des aspects, l'autorité religieuse s'exprime et se manifeste à la mosquée, notamment lors du prêche du vendredi (*khoutba*). D'autre part, c'est à la grande mosquée que se déroule le prêche du vendredi, l'acte religieux le plus important puisqu'il est la combinaison de talents oratoires multiples : capacité visionnaire du prédicateur, sérénité exemplaire du pédagogue et du maître, aptitude théologique du sermonnaire inspiré...

Il existe plusieurs types de mosquées, classées habituellement selon leur taille et leur fréquentation. On distingue d'une part la petite mosquée, la *moussalla* ou le *masjid*. Il s'agit d'un oratoire où a lieu "la prosternation" (*soujoud*), les musulmans étant désignés par le Coran comme étant "ceux qui s'agenouillent, ceux qui se prosternent" (L'Immunité, IX, 112). D'autre part, la grande mosquée est celle qui accueille la prière du vendredi. La mosquée comprend, outre une grande salle de prière et parfois une sorte de mezzanine réservée aux femmes et située à l'arrière de la salle, les éléments suivants :

– le minaret : le mot est la reprise francisée du mot arabe *manara*, mais cet appendice architectural, le plus visible de la mosquée, a différents autres noms, selon l'effet que l'orateur veut donner à sa description et selon les régions. Il y a *al-manara* comme on vient de le dire, mais aussi *al-saouma'a*, l'éminence ou *al-mi'dhana*, le lieu d'où est lancé l'appel à la prière. Le prototype du minaret est celui de "la mosquée de Bilal", à Djabal Abou Kobaïs. La forme est certes rudimentaire, mais elle présente déjà les éléments caractéristiques d'un minaret, en particulier sa surélévation. La fonction principale du minaret, outre celle qui consiste à équilibrer l'édifice sur le

Minbar *de la mosquée de Paris d'où officie le* khatib *lors de ses prônes.*

plan esthétique, est en effet de permettre au *muezzin* de lancer un appel (*adhân*) rappelant aux fidèles les horaires de la prière. Le minaret est aussi un symbole de médiation et de verticalité qui relie la mosquée aux sphères supérieures de la cosmologie mohamédienne, ce qui donne au rituel d'agenouillement et de prosternation le sens d'épanouissement divin dont il est la manifestation extérieure ;

– le *mihrab* : le point focal de la mosquée est la niche creusée dans le mur qui indique la direction de La Mecque (*qibla*) ;

– le *minbar* : la chaire du prédicateur fait partie du mobilier rituel de la mosquée. Dans certaines grandes mosquées comme la mosquée al-Aqsa de Jérusalem, cette chaire est extrêmement ouvragée. S'il est généralement façonné dans du bois précieux, le *minbar* est parfois modestement représenté par un tertre ou une autre surélévation. Le Prophète aurait même célébré le prône du vendredi juché sur un tronc de palmier ;

– la salle des ablutions : avant d'accéder à la salle de prière, le croyant doit se purifier en intention comme en acte. Il lui est enjoint de procéder aux ablutions d'usage (*woudou*) dans une salle attenante réservée à cet usage et indispensable à toute mosquée. La salle des ablutions est en fait un espace intermédiaire entre le monde profane, celui de la vie active, et le monde sacré de la mosquée, lieu de méditation, de ressourcement et d'union avec les principes du Dieu secourable. Le croyant s'y déleste de ses impuretés majeures ou mineures avant de se présenter, rempli d'humilité, devant le Créateur.

À côté des mosquées de La Mecque et de Médine, les plus fréquentées du monde musulman, plusieurs autres mosquées sont considérées comme de véritables joyaux architecturaux :

– la mosquée d'Omar ou mosquée al-Aqsa, et le dôme du Rocher à Jérusalem (fin du VIIᵉ s.) ;

– la grande mosquée de Damas (VIIIᵉ s.) ;

– la mosquée-université al-Azhar (Xᵉ s.), située dans le vieux Caire, est l'une des plus prestigieuses de l'islam sunnite, car elle abrite une Académie des sciences religieuses et un Haut Conseil de théologiens très influents dans le domaine juridico-doctrinal;

– la mosquée du vendredi à Téhéran (IX-XIᵉ s.);

– la mosquée Qouat al-Islam à Delhi (XIIIᵉ s.) ;

– la Suleymaniyé à Istanbul (XIVᵉ s.) ;

– la Mezquita de Cordoue (VIII-Xᵉ s.) qui n'est plus utilisée à des fins religieuses ;

– la mosquée Sidi 'Okba (XIIᵉ s.) de Kairouan (Tunisie) qui occupe une place à part car elle est l'œuvre de 'Okba ibn Nafi', le général musulman qui ouvrit le champ à l'islamisation du Maghreb. En son hommage, Kairouan est parfois considérée comme la quatrième ville sainte de l'islam.

L'édification des mosquées accompagne l'évolution démographique de l'islam. Partout la mosquée vise à s'intégrer au paysage sociologique et urbain. Elle subit assez aisément, grâce à un mimétisme spontané, les influences architecturales du pays où elle est construite. Ainsi est-il possible de distinguer facilement les mosquées en terre rouge de l'Afrique subsaharienne, celles du sous-continent indien ou encore les mosquées indonésiennes, pakistanaises, afghanes, etc.

Double page précédente : Jérusalem, esplanade des mosquées, mosquée d'Omar, du nom du deuxième calife.
Ci-contre : fidèle lisant dans une mosquée au Sénégal.

CHAPITRE 13

LE MIHRAB

BOUSSOLE DU MONDE MUSULMAN ET MATÉRIALISATION DE LA *QIBLA*, LE *MIHRAB* EST AUSSI UNE INNOVATION ARCHITECTURALE

D'ÉTYMOLOGIE COMPLEXE – BALCON, PALAIS, PIÈCE –, LE *MIHRAB* S'EST PEU À PEU DÉPOUILLÉ DE SES MULTIPLES ATTRIBUTS POUR NE PLUS signifier que "rentrant", "niche de prière" ou "absidiole". Il fut institué au VIIIe siècle, sans doute à Damas, lorsqu'il fallut marquer sur le bâtiment de la mosquée l'orientation de La Mecque (*qibla*).

Déjà, en exil à Médine, le Prophète dut se tourner vers la ville sainte de Jérusalem, mais aucun document ne permet d'authentifier l'existence physique du *mihrab* dès cette période. Les historiens arabes quant à eux reconnaissent à 'Othman ibn 'Affan, troisième calife de l'islam, d'avoir pris l'initiative d'ajouter un *mihrab* à la mosquée. Pourtant le *mihrab* ne s'est imposé que progressivement dans le plan de la mosquée, car l'islam primitif, outre qu'il ne faisait pas une place de choix aux symboles "transposés visuellement", comme c'est le cas par exemple dans une église, répugnait à en créer en raison de l'épouvante que cela suscitait chez les fidèles habitués à une stricte orthodoxie religieuse.

Il est pourtant un des rares symboles de l'islam au sens plein car il exprime de manière physique l'orientation de La Mecque qui, elle, demeure une abstraction. Essentiel à la mosquée, le *mihrab* est l'une des figurations symboliques qui a essaimé. On le trouve en effet gravé dans le marbre, dans certains panneaux muraux décoratifs et même au revers de pièces de monnaies islamiques de la période la plus ancienne.

Avec le développement de l'islam, la disposition du *mihrab*, et dans le même temps de la mosquée qui l'abrite, est devenue capitale pour la validité de la prière qui y est rendue. La complexité que requiert l'établissement du *mihrab* est à la mesure des enjeux philosophiques et théologiques posés par l'islam, religion qui prêche l'unicité absolue de Dieu. Quel sens donnerait-on, en effet, à une mosquée qui ne serait pas orientée vers La Mecque ? Aussi théologiens, architectes, mathématiciens et astronomes arabes ont-ils beaucoup spéculé sur les axes possibles qui peuvent – qui doivent – gouverner l'emplacement et la matérialisation de la *qibla*. Le *mihrab* constitue la réponse architecturale admise par le collège des savants musulmans intéressés par la question. Depuis les VIII-IXe siècles, aucune entorse à la norme n'est tolérée par la doctrine musulmane et il y va de la réputation des bâtisseurs d'en respecter la lettre.

De très beaux *mihrabs* parsèment l'aire islamique. Ils constituent le summum du raffinement d'une mosquée : certains sont ainsi enrichis d'ors

Mihrab *de la mosquée de Paris de style mauresque classique, construit pendant les années vingt.*

fastueux, de bordures de lumière et de stalactites en stucs qui donnent une impression de mouvement. D'autres sont plus sobres et ne reçoivent aucun ajout particulier. Il est même parfois fait mention de *mihrab* de bois, comme c'est le cas de celui de la mosquée Tachoun Pacha (Turquie), une mosquée dont la construction remonte au XIIIe siècle. De l'avis de nombreux architectes, les plus remarquables niches se trouvent dans les mosquées suivantes :

– la mosquée al-Aqsa à Jérusalem (VIIIe s.) ;

– la grande mosquée de Cordoue (la Mezquita), (Xe s.) ;

– les grandes mosquées d'Ispahan et de Yazd, le premier *mihrab* est enchâssé dans un décor végétal tout en stuc (vers 1310), le second, datant de 1375, est en faïence ;

– le mausolée de Sayida Rukkayya au Caire, (XIIe s.) ;

– la mosquée de Konya (Turquie), avec son *mihrab* en faïence, située au Sedrettin Konevi (vers 1274).

Enfin, deux autres niches de prière méritent d'être signalées, car elles comptent parmi les plus originales de l'architecture islamique :

– la mosquée Sidi Oqba, à Kairouan (IXe s.), dont le *mihrab* reflète un art authentiquement arabo-musulman ;

– la mosquée Ahmed al-Boudaïni, au Caire, où le *mihrab* date de 1628 et présente des incrustations de marbre de différentes couleurs.

Toutefois, une telle liste ne peut être considérée comme exhaustive, étant donné que le goût des experts, s'il est sûr quant à l'histoire objective de la construction des mosquées – et aussi de leurs niches de prière – ne l'est pas quant aux aspects esthétiques. Il n'est donc pas suffisant pour établir une hiérarchie entre elles. Au plan esthétique, la niche d'orientation célèbre l'art des artisans qui l'ont imaginée et conçue. Mais elle est aussi l'expression de la "personnalité" d'une mosquée, elle reste le meilleur reflet du goût d'une époque et, parfois, de celui de la région musulmane où elle se trouve.

En définitive, sans le *mihrab*, la mosquée est un bâtiment dépourvu d'aimantation et du même coup de gravité liturgique, en proie à une sorte d'aveuglement spirituel.

Mihrab *indien gravé dans du marbre*, XIV-XVe s.
Collection du musée du Louvre, département des antiquités orientales.

CHAPITRE 14

LE VENDREDI

JOUR SACRÉ DE LA SEMAINE MUSULMANE

LE VENDREDI EST LE "JOUR DE LA RÉUNION" OU DE L'"ASSEMBLÉE". IL EST APPELÉ AINSI EN RAISON DE LA PRIÈRE COMMUNE QUI A LIEU À la grande mosquée qui est célébrée dès que le soleil a dépassé le méridien. C'est un jour sacré aux yeux des musulmans. Il est le plus important de la semaine. Le Coran évoque la prière du vendredi en un seul endroit, dans la sourate intitulée Le Vendredi : "Ô vous les croyants ! Quand on vous appelle à la prière du vendredi, accourez à l'invocation de Dieu ! Interrompez tout négoce : c'est un bien pour vous, si vous saviez !" (Le Vendredi, LXII, 9).

Es-Saïb ben Yazîd, qui a transmis de nombreuses traditions orales, relate qu'"au temps du Prophète, le premier appel à la prière du vendredi avait lieu au moment où l'*imam* s'asseyait en chaire. Il en fut de même sous les califats d'Abou-Bakr et de 'Omar. Sous son califat, la population ayant augmenté, 'Othmân ordonna un troisième appel à la prière. Cet appel fut fait à Ez-Zaouira (un quartier de Médine). Cette prescription se maintint par la suite [1]."

Rappelons ici que, comme pour la plupart des éléments du dogme, cette codification de la prière du vendredi eut lieu au temps des quatre premiers califes, surnommés *al-Khoulafa ar-Rachidoun* (Califes bien-guidés), ceux-là mêmes qui accompagnèrent le Prophète dans ses divers combats contre l'hostilité des idolâtres et leur mécréance.

La prière du vendredi (*salât al-joumou'a*), qui structure de bout en bout la signification à la fois spirituelle et ésotérique de cette journée, est un acte de grande bénédiction prescrite à tous les musulmans en mesure de se déplacer jusqu'à la grande mosquée. Un appel solennel (*adhân*) est lancé par le *muezzin*, mais un grand nombre de musulmans sont déjà sur place car ils se dirigent vers la mosquée très tôt dans la matinée.

D'après Abou-Horaïra, compagnon du Prophète, Mohamed aurait dit : "Lorsque vient le jour du vendredi, les anges se tiennent debout à la porte de la mosquée. Ils inscrivent le premier arrivé, puis le deuxième (et ainsi de suite). Celui qui vient de bonne heure est comme celui qui fait l'aumône d'une chamelle grasse, puis (successivement) comme celui qui fait l'aumône d'un bœuf, puis d'un bélier, puis d'une poule, puis d'un œuf. Quand l'*imam* sort, les anges ferment leurs registres et écoutent la mention de Dieu [2]."

Parce qu'elle est collective et qu'elle rassemble toute la communauté dans la mosquée (*djami'*), la prière du vendredi est sans aucun doute la plus importante de la semaine. Elle est

Fidèles se rendant à la mosquée pour la prière du vendredi.

accompagnée d'un prêche important (*khoutba*) à vocation pédagogique et morale, donné par l'*imam* au nom de l'autorité religieuse du pays et, partant, au nom de l'islam dans son ensemble.

Voici comment Ibn Abî Zayd al-Qayrawâni (Xe s.) décrit le rite observé au sein du mâlikisme, l'une des quatre écoles canoniques du sunnisme, qui s'est épanouie principalement au Maghreb, en Afrique noire et dans une partie de l'Égypte : "La prière du vendredi est obligatoire dans un centre urbain et dans un groupe de fidèles formant communauté. Le prône y est obligatoire avant la prière elle-même. L'*imam* doit s'appuyer sur un arc ou un bâton, s'asseoir au début et au milieu (de la *khoutba*). On procède à la prière quand le prône est fini. [...] Ceux qui sont dans l'agglomération urbaine et ceux qui en sont à trois milles ou moins doivent se hâter vers la prière du vendredi. Elle n'est pas obligatoire pour le voyageur, ni pour les pèlerins qui se trouvent à Minâ, ni pour l'esclave, ni pour la femme, ni pour l'impubère. Mais, si un esclave ou une femme se trouvent présents à cette prière, qu'ils la fassent. Les femmes se placeront derrière les rangs des hommes. On doit écouter attentivement l'*imam* qui fait son prône et les fidèles lui feront face [3]."

Ayant pris conscience de l'influence de la prière du vendredi sur les fidèles, les grandes dynasties – et plus tard les États musulmans dont le meilleur exemple est l'Arabie saoudite – ont tout fait pour contrôler au mieux ce moment, en bâtissant des mosquées de plus en plus imposantes, censées accueillir le plus grand nombre de fidèles. Bien que chômée ou fériée dans de nombreux pays musulmans, la journée du vendredi – contrairement au jour de repos du Seigneur Dieu dont parle la Genèse [4] – ne correspond pas à un éventuel arrêt dans la Création. Le Coran stipule clairement, dans la sourate *Qâf*, que : "Nous avons créé en six jours les cieux, la terre et ce qui se trouve entre les deux, sans éprouver aucune fatigue" (L, 38).

Au plan symbolique, le vendredi est le pivot de la semaine, et par conséquent celui du temps liturgique. Il occupe à ce titre la même place que la mosquée pour l'espace.

1. El-Bokhari, *Les Traditions islamiques*, t. 1, p. 299, Paris, Adrien Maisonneuve, 1984.
2. *Ibid*, p. 303.
3. Al-Qayrawâni, *La Risâla*, p. 95, Alger, Editions populaires de l'armée, 1975.
4. Genèse (I, 31).

Fidèles en prière devant la mosquée Ketchaona, Algérie.

CHAPITRE 15

IMAM ET MUEZZIN

MUEZZIN, *KHATIB* ET *IMAM* SONT LES TROIS ACTEURS PRINCIPAUX DE LA CONDUITE DE LA PRIÈRE

JUCHÉ AU SOMMET DU MINARET (*AL-MANARA*), LE *MUEZZIN*, DU MOT ARABE, *AL-MOU'ADHDHÎN*, EST PRÉPOSÉ À L'APPEL DES croyants en vue d'effectuer leur prière au sein de la mosquée. C'est une obligation canonique instituée par le Prophète lui-même et appliquée dans la première mosquée de l'islam qui fut élevée à Médine l'Illuminée (*al-Mounawara*).

Après avoir été un esclave d'Abou Bakr as-Saddiq (570-634), l'un des plus proches compagnons du Prophète, l'Abyssinien Bilal a occupé cette fonction. C'est l'une des plus importantes du rituel. Depuis le VIIe siècle, la paume de la main ouverte en conque sur le côté de la bouche, le *muezzin*, officiant spécialement formé aux techniques vocales, lance invariablement un appel à la prière composé de sept formules très précises :

– *Allahou akbar, Allahou akbar* : Allah est (le) plus grand, Allah est (le) plus grand;

– *Ach-hadou anna la-ilaha ilal-Lah* : Je témoigne qu'il n'y a point de divinité autre qu'Allah (deux fois);

– *Ach-hadou anna Mohamad rassoul Allah* : Je témoigne que Mohamed est le Prophète de Dieu (deux fois);

– *Haya 'ala as-salat, haya 'ala as-salat* : Venez à la prière (deux fois);

– *Haya 'ala al-falah, haya 'ala al-falah* : Venez au salut ou à la délivrance (deux fois);

– *Allahou akbar* : Dieu est (le) plus grand (deux fois);

– *La ilaha ila ilal-Lah* : Il n'y a point de divinité (autre) qu'Allah.

Une variante intervient dans la prière de l'aube, puisque le *muezzin* précise à deux reprises à l'intention de ceux qui, induits en erreur par Satan, préféreraient continuer à dormir que : "La prière est plus méritoire que le sommeil" (*As-salât khaïrou mina-nawm*) avant de prononcer la formule finale. L'importance de cet appel (*adhân*) tient à la valeur spirituelle de toute prière effectuée en commun, laquelle est vingt-sept fois supérieure à celle de la prière individuelle.

Le *khatib* ou prédicateur est souvent un théologien de renom, un émissaire prestigieux ou un érudit issu de la communauté des musulmans, et disposant d'une science incontestable. Sa fonction principale consiste à prononcer un prêche, un sermon ou un prône appelé *khoutba*, lors de la prière du vendredi. Il est en général assis sur une estrade surélevée ou une chaise haute appelée *minbar* et située à droite, pour les fidèles, du *mihrab*.

Le rôle du *khatib* est principalement religieux et théologique, ce qui explique la profusion

Muezzin *appelant à la prière*.

de citations coraniques et de références à l'épopée islamique. Il lui arrive cependant aussi de traiter de connaissances générales ou de questions sociales, politiques et juridiques.

Par le passé, l'influence du pouvoir califal sur l'orientation idéologique des discours du vendredi était réelle. Il fut même un temps où cette fonction était l'apanage de la famille régnante où de ses représentants désignés qu'ils fussent *cadi* (jurisconsulte), *'alam* (théologien) ou même *talib* (étudiant avancé en sciences religieuses). Même sans y réussir totalement, le pouvoir politique actuel tente d'imprimer à cet exercice la marque de sa légitimité et de sa popularité.

Après avoir été avertis par le *muezzin* et avoir écouté le sermon du prédicateur, les musulmans sont invités à se mettre debout pour exécuter la grande prière dont la direction est confiée à un *imam*, littéralement "Celui qui se tient devant (les autres)". L'*imam* [1], qui se place sous la voûte du *mihrab*, est une personnalité de premier plan, car elle conduit et règle la mécanique d'ensemble de la prière collective tout en assurant sa validité aux yeux de Dieu. Il est choisi parmi les musulmans sains (et de condition libre, particulièrement au temps du Prophète), de préférence de bonne constitution physique et disposant d'un niveau de connaissance suffisant et d'un savoir-faire confirmé. Dans les petites mosquées, l'*imam* peut être également le *khatib* (prédicateur) ; il arrive que la même personne cumule les charges de *muezzin*, de *khatib* et d'*imam*.

Au plan spirituel, l'*imam* est un bon modèle. Il sert aussi parfois d'intercesseur entre les musulmans et l'institution, soit pour des questions d'exégèse théologique liée au dogme ou pour des problèmes privés. L'*imam* intervient également dans les différentes controverses qui animent les fidèles en dehors de la prière et les aide à préciser leur pensée, contribuant ainsi à l'éducation permanente caractéristique de l'islam.

En animant la prière collective, ces trois personnages, *muezzin*, *khatib* et *imam*, assurent un service renouvelé cinq fois par jour.

Dans la mesure où elle est très suivie, la prière du vendredi donne au *muezzin* et au *khatib* la possibilité d'exprimer toute l'étendue de leur talent : phonatoire dans le cas du *muezzin* qui doit avoir une voix puissante et musicale, créatif et inspiré en ce qui touche au prône du *khatib*, mesuré et réglé quant à la conduite de la prière.

1. Depuis le IXe s., le sens du mot *imam* s'est enrichi d'une acception nouvelle. Alors que chez les Sunnites il n'est qu'un titre parmi d'autres que l'on applique à toute personne qui conduit la prière collective, l'*imam* devient chez les Chiites un titre religieux attribué à quelques grands dignitaires. Idéalement, cette hiérarchie théologique et religieuse est structurée autour de l'avènement du douzième *imam*, l'*imam* occulté qui est censé clore, à la fin des temps, le cycle inauguré et incarné par les onze autres *imams*.

Minaret de la mosquée de Paris de style mauresque classique (premier quart du XXe s.).

CHAPITRE 16

LA MADRASSA

ÉTABLISSEMENT DE TRANSMISSION ET D'ACQUISITION DES SCIENCES ISLAMIQUES ET LIEU DE CONVIVIALITÉ

L'UN DES APPORTS PRINCIPAUX DE L'ISLAM A ÉTÉ DE FAVORISER L'ACCÈS À LA CONNAISSANCE ET PLUS PARTICULIÈREMENT À LA connaissance religieuse. Aucune barrière n'est en effet dressée entre ceux qui savent et ceux qui ne savent pas encore, entre les étudiants (*talib*) et l'objet de leur quête. La connaissance en islam comporte trois degrés différents :

– Allah est Celui qui sait tout, Celui dont le savoir embrasse aussi bien les choses révélées aux hommes que ce qu'ils ignorent, ce grand mystère de l'Univers que les mystiques désignent par le vocable *al-ghaïb*. Le Coran rappelle évidemment ce savoir incommensurable et en fait l'une des articulations de la vérité céleste : "Dieu suffit comme témoin entre moi et vous; lui qui possède la Science du Livre" (Le Tonnerre, XIII, 43). La notion de "science de Dieu" (*'ilm Allah*) apparaît, avec de nombreuses acceptions (Dieu sait tout, connaît tout, même le mystère, l'Heure du jugement final; il est parfaitement informé de l'action des hommes, sur leurs bienfaits ou de leurs méfaits, sur leurs pensées, etc.), dans plus de trois cents versets coraniques et la quasi-totalité des sourates;

– la science du Prophète Mohamed continue la science de la prophétie inaugurée par le premier des prophètes reconnus en islam, Adam. En tant que dépositaire du plus récent monothéisme, Mohamed est riche des mille et une facettes de la croyance et de la foi de tous les temps. Lui-même, à l'intention de ses partisans et des fidèles, avait prêché pour l'acquisition des connaissances, dussent-ils aller quérir jusqu'en Chine. Ce propos prophétique est considéré comme authentique, car il a été rapporté par plusieurs collecteurs de traditions, dont les plus éminents sont El-Bokhari (810-870) et, au même siècle, Mouslim (817-875);

– une troisième catégorie de lettrés est constituée des érudits musulmans et des savants, qu'ils soient versés dans le domaine des sciences islamiques, qu'ils apprennent le Coran par cœur, qu'ils l'interprètent ou qu'ils s'orientent vers la résolution des conflits sociaux et interpersonnels en se spécialisant dans la jurisprudence islamique (*fiqh*). Ceux qui s'engagent dans des disciplines plus "intellectuelles", comme la grammaire, l'historiographie, la rhétorique et toutes les disciplines spéculatives comme la logique et la philosophie, que les musulmans regroupent sous le nom de *'ilm al-kalam*, en font aussi partie.

C'est dans ce contexte que l'on peut situer l'émergence et l'épanouissement fulgurant de la

Lecture et écriture du Coran sont les deux activités principales se déroulant dans la madrassa.

madrassa, "lieu d'étude", du verbe *darassa*, étudier et *darrassa*, "enseigner", où se perpétue la tradition du savoir en islam, en particulier celle qui concerne le Coran et le *hadith*.

Cette école-université peut légitimement se réclamer de deux institutions fameuses, d'un côté la Baït al-Hikma, la "Maison de la Sagesse" abbasside que l'on édifia à Bagdad dès le IXe siècle [1] ; de l'autre, la mosquée-université fatimide d'Al-Azhar qui vit le jour en 972 après J.-C. au Caire, une ville également construite par les Fatimides en 969. En réalité, la *madrassa*, ou *médersa*, selon la formulation maghrébine, n'est pas uniquement le lieu où se déroulent les cours et les longues heures de récitation du Coran (la mosquée les abrite avec plus d'efficacité et de confort), elle est surtout un lieu de vie pour les nombreux étudiants qui la fréquentent, dont certains viennent des régions les plus reculées du monde musulman.

Chaque grande mosquée abrite en son sein une *madrassa*, mais certaines sont si belles et si prestigieuses qu'elles ont fini par acquérir une réputation universelle. Ainsi, la *madrassa* Nouriya, dans le quartier des Khawaçin, à Damas, construite en 1167 et que décrivit Ibn Jobaïr (XIIe s.) : "L'une de celles qui, en ce monde, offrent le plus beau spectacle aux yeux est celle de feu Nour-ad-Dîn, où se trouve son tombeau. Que Dieu l'illumine ! C'est un palais des plus magnifiques : l'eau y vient couler, descendant d'abord dans une rigole du milieu d'un grand cours d'eau, puis s'écoule dans une fontaine de forme oblongue, avant d'aller tomber dans un bassin au milieu de l'édifice. Le regard est surpris de la beauté de ce spectacle. Tous ceux qui en jouissent réitèrent leurs oraisons en faveur de Nour-ad-Dîn [2]." La somptuosité des *médersas* marocaines, en particulier celles de Fès ou de Marrakech (*médersa* Al-Attarine, XIVe s. ; *médersa* Bou Inania, XIVe s. ; *médersa* Ech-Cherratine, XVIIe s.), est aussi remarquable.

En marge de la mosquée et comme complétant la *madrassa*, il faut signaler l'existence de la *zaouiya*, sanctuaire abritant le mausolée d'un saint. Édifice caractérisant l'islam maghrébin, la *zaouiya* est le lieu de transmission d'un héritage et d'une mémoire de l'islam populaire. Le Coran et les disciplines qui en découlent y sont habituellement enseignés.

Par ailleurs, la *zaouiya* des campagnes, édifice modeste, sert également de mosquée. Ceci accentue son image de sanctuaire para-islamique ou même hérétique compte tenu des pratiques maraboutiques qui s'y déroulent parfois.

1. Mais c'est Nizam al Mulk (XIe s.), puissant vizir du sultan Malik Chah, qui lui donna son impulsion.
2. Ibn Jobaïr, *Voyages*, t. 3, p. 330, Paris, Paul Geuthner, 1953-1956.

Doubles pages précédentes et ci-contre :
"Celui qui prend la route en quête de science, Dieu lui applanira la voie qui le mène au paradis", hadith *du Prophète*.

CHAPITRE 17

FÊTES ET RITUELS

L'ÈRE HÉGIRIENNE EST LE FONDEMENT DU CALENDRIER MUSULMAN TANDIS QUE L'ANNÉE LUNAIRE RYTHME LA VIE DES CROYANTS

LES RITES DE LA NAISSANCE, DE LA PROTECTION ET DE LA MORT SONT UN SAVANT MÉLANGE DE COUTUMES ET DE PRESCRIPTIONS religieuses. Dans la vie quotidienne, les musulmans ne croient à aucune force extérieure à Allah, mais il leur arrive dans des moments de désarroi de recourir à des talismans pour se protéger du mauvais œil et de la *jettatura* [1]. Ces talismans comportent des versets coraniques et rappellent la supériorité de Dieu sur Satan.

Les rites et interdits alimentaires sont particulièrement importants. Les pratiques alimentaires musulmanes sont rigoureusement codifiées. Les ouvrages de théologie et de jurisprudence détaillent à l'excès les mille et une situations – médicales, purificatrices, sacrificielles... – qui permettent à une viande d'acquérir le statut de viande *halal* ou qui, à l'inverse, la rendent impropre à la consommation. Les interdits alimentaires s'étendent par exemple aux viandes licites qui ne proviennent pas d'une bête immolée au nom d'Allah ou qui a été capturée à d'autres fins que la consommation. "Voici ce qui vous est interdit : la bête morte, le sang, la viande de porc ; ce qui a été immolé à un autre que Dieu ; la bête étouffée, ou morte à la suite d'un coup, ou morte d'une chute, ou morte d'un coup de corne, ou celle qu'un fauve a dévorée – sauf si vous avez eu le temps de l'égorger – ou celle qui a été immolée sur des pierres" (La Table servie, V, 3). Une réprobation similaire touche les viscères et la charogne, car en effet il est dit que : Ni leur chair, ni leur sang n'atteindront jamais Dieu" (Le Pèlerinage, XXII, 37).

Quant au sacrifice et à l'immolation, héritages de l'Arabie ancienne, ils ont été renforcés et confirmés par le Coran : "Nous avons placé les animaux sacrifiés au nombre des choses sacrées de Dieu. Il y a là un bien pour vous. Invoquez le nom de Dieu sur ces animaux prêts à être égorgés puis, quand ils gisent sur le flanc, mangez-en et nourrissez celui qui s'en contente et celui qui mendie" (Le Pèlerinage, XXII, 36). En islam, le plus important des sacrifices rituels est l'immolation d'une bête, mouton, chameau, taureau ou chèvre. Les musulmans commémorent ainsi le geste d'Abraham qui, suivant les injonctions divines, devait sacrifier son fils Ismaël. Cette fête, dite "fête de l'Immolation" (*'Aïd al-ad'ha*), est appelée *'Aïd al-kébir* (Grande Fête) pour la distinguer de la fête qui clôt le ramadan. Elle a lieu le 10 du mois du pèlerinage sacré (*Dhou al-hijja*). Mouslim (816-873) rapporte le mot suivant, attribué au Prophète : "Quand vous égorgez

Calendrier sur rouleau de parchemin où sont inscrits les temps de la prière musulmane pour chaque mois de l'année solaire et d'autres moments importants de l'année religieuse. Turquie, début du XIXe s. The Nasser D. Khalili Collection of Islamic Art.

التمش دقیقه
برساعتدر
اون بش
درجه
برساعتدر
دورت
دقیقه
بردرجه‌در
اون بش
دقیقه
جاریکدور
تمام

un animal, égorgez-le d'une excellente manière : que chacun de vous aiguise sa lame et qu'il ne maltraite pas l'animal qu'il va sacrifier [2]."

Pour qu'une telle viande soit licite (*halal*), il faut que le sacrificateur – tout musulman majeur, en état de pureté canonique et habile dans ce domaine – se soumette à des prescriptions rituelles très précises : direction de La Mecque, invocation du nom d'Allah, gorge tranchée avec dextérité sans que pour autant la tête ne soit séparée du cou. Certaines bêtes sont impropres à la consommation : chien, chat, loup, renard, sanglier et porc. Il en va de même pour le corbeau, en raison des mauvais présages qui lui sont associés, et plusieurs rapaces. Ces derniers, qui ne répugnent pas à se nourrir de la chair humaine, peuvent créer des précédents d'anthropophagie.

Les jurisconsultes musulmans en déconseillent la consommation. En Europe, le caractère licite de la viande est établi par les services vétérinaires de la grande mosquée. Mais ce rite sacrificiel, l'*Aïd al-Kébir*, est loin d'être le seul. Il s'inscrit dans le cadre plus vaste des rites alimentaires arabo-musulmans qui font encore place à certaines croyances populaires.

Le rite de la circoncision tient lui aussi une place très importante. Même si le Coran ne la mentionne nulle part, la circoncision (*khitan)* est une pratique arabo-bédouine et sémitique fortement recommandée pour les enfants mâles. Progressivement, elle a su trouver sa place dans le dispositif rituel du monde musulman, notamment dans sa partie centrale (Iran, Turquie, Égypte, Arabie, Afrique musulmane et Maghreb).

Elle s'est imposée comme tradition collective pour symboliser une forme d'achèvement, mais sans se substituer à la foi. La circoncision répond autant à des impératifs religieux qu'à des exigences médicales, hygiéniques et sociales. Selon les régions, elle est pratiquée entre 3 et 9 ans. La tendance actuelle vise à la rendre moins douloureuse, notamment en la préconisant à un âge plus précoce et en la faisant pratiquer par un médecin pédiatre ou un chirurgien, censés opérer dans des conditions d'asepsie satisfaisantes.

Les rituels renforcent l'adhésion et le respect du musulman pour sa religion. Source de dogme et de loi, ils sont également un différenciateur de croyance, ainsi que l'exprime le Coran : "Nous avons établi des rites pour chaque communauté afin que les hommes invoquent le nom de Dieu" (Le Pèlerinage, XXII, 34). Enfin, puisqu'ils sont des relais d'identification pour des millions de gens, les rituels sont des pôles de respiritualisation de la vie religieuse.

Autres moments forts de la vie religieuse, les fêtes qui marquent l'année musulmane. Le calendrier musulman (ou ère hégirienne) repose sur l'année lunaire. Celle-ci débute officiellement le 24 septembre 622 après Jésus-Christ, ce qui correspond au 12 *Rabi' al-awwal*, de l'an 1 de l'hégire [3]. Le mot *hijra* signifie "s'exiler", "émigrer", "s'expatrier", ce qui explique que l'année musulmane soit l'avènement d'un cycle nouveau et non pas seulement le refus du calendrier païen du Hidjaz préislamique. Cet exode rappelle que le 16 septembre de l'an 622, persécutés par leurs adversaires de La Mecque, le Prophète et ses compagnons ont dû émigrer vers Yathrib, ancien nom de Médine. Médine devint ainsi le refuge de la communauté islamique, le lieu d'adoption de la nouvelle foi et la première cité-État. L'année musulmane est une année de douze mois lunaires de vingt-neuf ou trente jours. Elle est de 355 ou 356 jours, soit une différence d'environ onze jours avec l'année solaire d'où provient l'écart annuel entre le calendrier hégirien et le calendrier grégorien. Les noms des mois musulmans sont les suivants : *Moharram, Safar, Rabi' al-awwal, Rabi' at-thani, Joumada al-oula, Joumada at-thaniya, Radjab, Cha'ban, Ramadan, Chawwal, Dhou al-qa'da, Dhou al-hijja.* Les mois sacrés évoqués par le Coran sont au nombre de quatre et sont appelés "mois de Dieu" :

– *Moharram* (littéralement interdit, prohibé et, par conséquent, sacré) est le premier mois de l'année hégirienne ;

– *Radjab* est un mois qui était déjà vénéré avant l'arrivée de l'islam ;

– *Dhou al-qa'da* qui signifie "le mois du repos" est le onzième mois de l'année. C'est un mois de trêve pendant lequel les clans suspendent tout conflit et vaquent à leurs occupations commerciales ;

– *Dhou al-hijja* est le douzième mois de l'année musulmane et aussi le mois du pèlerinage à La Mecque.

De nombreuses fêtes et cérémonies marquent également l'année musulmane :

I. LE NOUVEL AN (*Ras al-'am*), le 1 *Moharram.* C'est le début du calendrier musulman. Les Iraniens restent quant à eux attachés au *Now-Rouz* (littéralement : "Lumière nouvelle"), nouvel an sassanide ayant survécu à l'avènement de l'islam et dont la fête a lieu après l'équinoxe de printemps (21 mars).

II. 'ACHOURA, le 10 *Moharram.* Au cours de cette journée, beaucoup de musulmans jeûnent, prient et s'adonnent à des activités rituelles. Il en va autrement chez les Chiites pour lesquels ce jour faste équivaut à un deuil national. En effet, la *'achoura* rappelle le souvenir douloureux de la mort de Houssaïn – deuxième fils de l'*imam* 'Ali – qui survient le 10 *moharram* 680 à Kerbala (Irak).

III. LA NATIVITÉ DU PROPHÈTE (*Mawlid an-nabi*), le 12 *Rabi' al-awwal.* Pendant cette fête anniversaire très suivie dans le monde musulman des séances d'oraisons mystiques et de lecture du Coran sont organisées. Au Maghreb, elle prend le nom de *al-Mouled.*

IV. LA NUIT DE L'ASCENSION DU PROPHÈTE AU CIEL (*Laïlat al-mi'raj*), le 27 *Radjab.* Elle eut lieu, selon les récits hagiographiques, dans le courant de la deuxième année de prédication. Bien qu'elle soit peu fêtée par les croyants, la nuit de l'ascension du Prophète est propice aux réunions de méditation, d'invocation à Dieu. Des libations rituelles y sont offertes.

V. LA NUIT DU DESTIN, DITE AUSSI NUIT DU DÉCRET (*Laïlat al-qadr*), le 27 *Ramadan.* Elle est la plus importante du mois, puisqu'il s'agit de la nuit

HALAL
EXPORT 006

de la révélation coranique : "Nous l'avons fait descendre durant la Nuit du Décret" (Le Décret, XCVII, 1 et 3). Spirituellement, elle vaut mille mois réunis, tandis que le Coran la définit comme une nuit "[de] paix et [de] salut jusqu'au lever du jour" (Le Décret, XCVII, 5).

VI. LA FÊTE DE LA RUPTURE DU JEÛNE (*'Aïd al-fitr*), également appelée la "Petite Fête" (*'Aïd as-saghir*), le 1er *Chawwal*. Elle doit son importance à ce qu'elle clôt le mois du jeûne annuel. Elle est célébrée le premier de *Chawwal*, le mois suivant. Une prière importante, faite à la mosquée, marque le début des réjouissances qui durent parfois deux ou trois jours.

VII. LA FÊTE DU SACRIFICE (*'Aïd al-ad'ha*), le 10 *Dhou al-hijja*. Elle est aussi connue comme la "Grande Fête" (*Kurban baïram* en Turquie) car elle commémore le sacrifice d'Abraham. Le don et le partage en sont l'essence. C'est dans ce cadre strictement religieux que s'inscrit l'abattage du mouton de l'*Aïd*. Une fois sacrifiée, dépecée et découpée, la bête est destinée à la famille, aux pauvres et aux amis. Il en est de même pour ceux qui se trouvent à La Mecque au moment du pèlerinage. Leur mouton est immolé en des endroits prescrits, tandis que la viande excédentaire est destinée aux plus démunis.

À ce calendrier rituel il faut ajouter d'autres solennités à caractères social et familial comme le mariage (*zawaj*) ou la fin de l'apprentissage coranique (*khatma*). Le mariage par exemple requiert la disponibilité active et complète de toute la famille, parfois même de tout le clan. Le prestige du mariage en terre islamique est si grand qu'il arrive que des familles très modestes tiennent banquet une semaine durant, quitte à se charger de lourdes dettes. Quant à sa signification religieuse, elle vient du fait que, l'islam refusant le célibat, les musulmans suivent l'exemple du Prophète et de ses proches compagnons qui n'ont cessé d'en faire l'apologie. L'apprentissage coranique obéit quant à lui à des règles d'ordre pédagogique et de transmission de la mémoire. Il débute à la petite enfance, dans l'école coranique la plus proche, et se poursuit jusqu'à l'université. La *khatma* ne concerne en théorie que ceux qui ont appris le Coran tout entier, mais les familles sont déjà très heureuses lorsque leur enfant n'en a appris que la moitié ou les trois quarts. Souvent un repas réunissant toute la famille marque l'aboutissement de cette formation.

1. Un mot cependant sur un objet caractéristique du folklore arabe : la main de Fatma. Elle est aussi répandue que le fer à cheval que l'on met au fronton des portes pour éloigner le mauvais sort ou que le dessin du poisson dans les villages de pêcheurs. Si la main de Fatma est un symbole social qui relève surtout de la culture populaire arabo-berbère, elle ne correspond à aucune prescription rituelle, coranique ou traditionnelle.
2. Nawawi, *Les Quarante Hadiths*, p. 46, Paris, Les Deux Océans, 1980.
3. En réalité, la décision de faire débuter le nouveau calendrier à l'époque de l'hégire revient à 'Omar, deuxième calife. Les historiens situent cette décision vers l'an 17, soit en 639 après J.-C.

Tampon du halal, *qui doit figurer sur la viande licite consommée par les musulmans.*

CHAPITRE 18

POSTURES ET ATTITUDES

LA SOBRIÉTÉ COMMANDE TOUS LES ACTES DU MUSULMAN

POUR QU'ELLE SOIT IDENTIFIÉE ET VALIDÉE, LA CROYANCE SUPPOSE, AUX YEUX DES THÉOLOGIENS MUSULMANS, UNE SÉRIE D'ATTITUDES significatives par lesquelles on la rend visible à soi et à autrui.

Ces attitudes concernent la conduite sociale et individuelle : manière de s'habiller, prière, coupe des cheveux et des ongles, port du voile pour la femme, hygiène corporelle. Abou-Horeïra (VIIe s.) rapporte que le Prophète Mohamed avait déclaré que cinq actes étaient recommandés pour le musulman, outre ceux qui sont prescrits par le Coran, ou la *sounna* : la circoncision, le fait de se raser le pubis et les aisselles pour les femmes, se couper les ongles et se tailler la moustache.

L'islam est ainsi riche de mille gestes qui le distinguent sans coup férir des autres grandes religions du Livre, judaïsme et christianisme, mais également du bouddhisme, du shintoïsme, des religions animistes, du chamanisme et, enfin, des religions amérindiennes.

– Le corps et la prière : l'aspect extérieur le plus manifeste de la prière musulmane tient aux multiples postures successivement données au corps : inclinaison, agenouillement, prosternation, position verticale, gestes de salut et de bénédiction en direction d'Allah, etc. L'extension de l'index – le doigt de la profession de foi (*chahada*) – est requise à la fin de chaque prière musulmane. Toute cette gestuelle procède d'une injonction coranique d'humilité (*khouchou'*) qui apparaît des dizaines de fois dans le Coran (dix-sept fois pour la seule prosternation) et dont le prototype pourrait être ce verset de la sourate Al-Fath : "Tu les vois (les musulmans) inclinés, prosternés, recherchant la grâce de Dieu et sa satisfaction. On les reconnaît car on voit sur leurs fronts les traces de leurs prosternations" (La Victoire, XLVIII, 29).

L'inclinaison et la prosternation servent même à caractériser les musulmans car il est dit que ce sont ceux qui "s'inclinent et se prosternent" (L'Immunité, IX, 112). Grâce à cette obéissance, ils s'opposent à Iblis, archétype du démon en islam, qui a refusé de se prosterner, ainsi que le rapporte le Livre saint : "Lorsque nous avons dit aux anges : 'Prosternez-vous devant Adam !', ils se prosternèrent, à l'exception d'Iblis qui refusa et qui s'enorgueillit. Il était au nombre des incrédules" (La Vache, II, 34).

– L'hygiène : l'attitude de l'islam face à la propreté corporelle (*tahara, nadhafa*) est liée à la foi selon les termes d'un propos prophétique très connu : "La propreté est partie intégrante de la foi [1]." Toute la philosophie islamique du bain et

Attitude de l'orante invoquant Allah pour une bénédiction simple (dou'a).

des ablutions, petites ou grandes, ainsi que celle qui préside à l'hygiène générale du croyant, prend sa source dans ce précepte. Il en va ainsi par exemple du hammam, établissement de bains situé à la charnière de deux univers complémentaires, l'un sacré, celui de la mosquée, et l'autre profane, celui de l'échange, de la rue, du souk, etc. Dans tous les autres cas, la bonne odeur et la propreté sont recommandées, même si – odeur de sainteté oblige ! – "le relent de la bouche de celui qui a jeûné est plus agréable à Dieu que l'odeur du musc [2]."

La taille des éléments cornés est codifiée. Le Prophète portait une barbe qui tenait, dit-on, dans la paume d'une main, sans dépasser la base du cou (*tolia*). Il la nettoyait, la lissait et la parfumait. Depuis, la taille de la barbe et *a fortiori* celle de la moustache sont devenues des conditions d'hygiène que l'islam encourage. L'excès étant mal vu, dans ce domaine comme en toute chose, une barbe qui descend jusqu'à la poitrine n'est pas un signe de plus grande vertu. Les ongles doivent être coupés et les extrémités toujours tenues propres. Selon les mots mêmes du Prophète, rapportés par Abou Horeïra et, à sa suite, par El-Bokhari, l'épilation et le rasage du pubis féminin sont bienvenus, ainsi qu'une coiffure correcte.

– Les interdits : outre la viande de porc et toute autre viande non immolée au nom d'Allah, l'islam interdit la consommation de toute boisson alcoolisée, même si le degré d'alcool est imperceptible. Il en va ainsi par exemple des apéritifs, des vins, des gâteaux où une larme d'alcool aurait coulé, des chocolats fourrés, des sirops, des civets arrosés, trempés ou parfumés à un vin ou un alcool quelconque, même un résidu. L'islam interdit également les jeux de hasard, condamne les gains illicites, les jeux à gages et les prêts à intérêt, réprouve les bénéfices obtenus grâce au loto, casino, etc. Ces interdictions découlent d'une prescription coranique : "On t'interrogera sur le vin et le jeu de hasard, réponds : 'Il y a dans l'un et l'autre un grave péché et des avantages pour les hommes. Mais le péché l'emporte sur les avantages (qu'ils procurent)' " (La Vache, II, 219).

La volonté affichée de l'islam est de faire prévaloir le contrôle de l'individu sur son libre arbitre, car il y a dans la liberté de choix un risque non négligeable d'abandonner au profit du jeu et de ses "attraits diaboliques" les obligations religieuses les plus rudimentaires.

1. *Hadith* du Prophète.
2. *Hadith* rapporté par El-Bokhari, *Les Traditions islamiques*, t. 4, p. 127, Paris, Adrien Maisonneuve, 1984.

Femme priant en position de prosternation.

CHAPITRE 19

LE CHAPELET

LA RÉCITATION INDÉFINIE DU NOM D'ALLAH

LA RÉCITATION DES QUATRE-VINGT-DIX-NEUF ATTRIBUTS D'ALLAH AU MOYEN D'UN ROSAIRE APPELÉ *SOUBHA* OU *MISBAHA* EST UNE VIEILLE pratique mnémotechnique en usage dans tous les pays musulmans. Le symbolisme lié au chapelet est celui de la "chaîne des mondes". À cela s'ajoute une référence discrète à la numérologie sacrée, car le symbolisme des nombres traverse de part en part l'activité du méditant.

L'usage veut que l'on récite, avec dévotion et de manière indéfinie, des litanies appelées *wird* [1], les grains du chapelet ayant ici pour fonction de favoriser la concentration et le rythme et de ponctuer l'exercice. Grâce au chapelet sont également égrenés des formules rituelles plus classiques comme la *chahada*, qui consiste à rappeler l'unicité divine, et le *tahmid*, le fait de remercier Allah pour sa bénédiction. La structure ternaire du chapelet (trois sections de trente-trois grains chacune) contribue à lui donner une signification symbolique particulière. Il existe par ailleurs des chapelets de trente-trois grains utilisés pour clore les prières. Pour l'islam, les grains sont au nombre de quatre-vingt-dix-neuf et correspondent aux beaux noms d'Allah, *al-asma al-housna*, alors que le centième attribut constitue le mystère le plus complet.

En réalité, ce centième chiffre ne manque qu'en apparence, puisque les deux bouts du fil réunissant les quatre-vingt-dix-neuf grains se rejoignent dans une sorte de corne longiforme qui symbolise le nom Allah. Mais les théologiens demeurent partagés sur cette explication, certains d'entre eux répugnant à voir l'essence du Dieu créateur se résumer à cet appendice.

On ne connaît pas exactement l'origine du chapelet, mais il est probable que ce soient les courants de la mystique *soufi* des deux premiers siècles de l'islam, inspirés par de lointaines origines indo-iraniennes qui en introduisirent l'usage. Les longues séances de méditation (*zikr*) impliquent en effet des oraisons qui requièrent l'usage du chapelet.

Le chapelet est devenu une réalité visible de la cité islamique. Certains croyants ne s'en séparent jamais. Souvent faits de bois, ils peuvent aussi être réalisés en matières plus précieuses comme l'onyx ou l'ivoire. Tout en traduisant l'attachement du croyant à sa foi, l'usage du chapelet sert au renforcement de la croyance du fidèle et à son perfectionnement permanent.

1. "Que Dieu soit glorifié, louange à Dieu, Allah est le plus grand" (*Sobhane Allah*, *Al-Hamdou lillah*, *Allahou akbar*).

Il existe deux catégories principales de chapelets, à quatre-vingt-dix-neuf ou à trente-trois grains.

CHAPITRE 20

LE VÊTEMENT

SIGNE DE DÉCENCE ET D'ADHÉSION À L'ESPRIT DE LA RELIGION

POUR SE VÊTIR, SURTOUT AU MOMENT DES FÊTES OU POUR SE RENDRE À LA MOSQUÉE, LES MUSULMANS PRÉFÈRENT LES LONGUES tuniques blanches (*qamiç*) qui masquent leurs formes et qui les protègent en même temps des ardeurs du climat.

Le turban et la calotte, couvre-chefs traditionnellement attachés à l'aire islamique, ont la même fonction. Le vêtement de ville fait une large place aux matières fines, coton, lin, soie; celui de la campagne est plus rude et la laine y est souvent plus présente. L'origine du terme *turban* est imprécise, car chaque pays le nomme différemment. En Algérie, on utilise de préférence le mot *a'mamâ* et, en Tunisie, le terme *tarbouche* qui est également employé en Égypte. Réservé surtout aux dignitaires musulmans, le turban a pris des formes très variées selon les régions musulmanes, surtout pendant la période où l'islam unifié était le limon et le ciment de vastes régions du Globe. En effet, le mariage souvent réussi entre le turban et le fez ottoman, ou la tiare sassanide, la calotte moghole, le litham targui et le chèche maghrébin, tous destinés à couvrir ou à envelopper la tête, a favorisé l'émergence et la préservation d'une spécificité du vêtement local et de ses accessoires. Ceci est également vrai pour l'islam asiatique, africain ou celui des Balkans et même pour l'Andalousie almohade, où l'on observe une tolérance réciproque entre le costume dit arabe et certains éléments du costume ibérique.

À partir du XIXe siècle, à la faveur de la colonisation, le costume européen s'est répandu. Le vêtement en islam apparaît comme un indice de vitalité de la religion, car, comme pour l'architecture religieuse (mosquées, mausolées, *médersas*), il s'est imposé dans certaines contrées nouvellement islamisées.

Idéalement, les femmes doivent se voiler chaque fois qu'elles sortent de leur foyer, soit pour aller à la mosquée, soit pour vaquer à leurs occupations. Il s'agit là d'une prescription coranique qui ne doit souffrir aucune exception.

Porter le voile [1] équivaut pour la femme à une manifestation de vertu : "Dis aux croyantes : de baisser leurs regards, d'être chastes, de ne montrer que l'extérieur de leurs atours, de rabattre leurs voiles sur leurs poitrines, de ne montrer leurs atours qu'à leurs époux, ou à leurs pères, ou aux pères de leurs époux, ou à leurs fils, ou aux fils de leurs époux, ou à leurs frères, ou aux fils de leurs frères, ou aux fils de leurs sœurs, ou à leurs servantes ou à leurs esclaves (personnes dépen-

Ci-contre : la calotte est l'élément vestimentaire qui, durant la prière, couvre la tête de l'homme.
Double page suivante : vêtements traditionnels maghrébins,
à gauche, vêtements marocains ; à droite, vêtements portés en Kabylie (Algérie).

dantes), ou à leurs serviteurs mâles incapables d'actes sexuels [2], ou aux garçons impubères" (La Lumière, XXIV, 30-31).

Au VIIe siècle, le voile caractérisait le harem du Prophète ; c'était un signe de distinction grâce auquel une femme de bonne extraction entendait montrer qu'elle était vertueuse : "Ô Prophète ! Dis à tes épouses, à tes filles et aux femmes des croyants de se couvrir de leurs voiles : c'est pour elles le meilleur moyen de se faire connaître et de ne pas être offensées" (Les Factions, XXXIII, 59). Plus tard, au temps des Mamelouks égyptiens, entre 1258 et 1512, le voile, qui symbolisait toujours la distinction sociale, était surtout porté par les citadines du Caire.

Le voile définit les limites de l'inviolabilité des personnes, surtout des femmes, car il s'agit moins de les cloîtrer – un concept nouveau – que de symboliser leur pudeur, leur respectabilité. Face à la question du voile, l'attitude officielle des pays musulmans est très contrastée.

Des pays comme l'Iran, le Soudan et, depuis peu, l'Afghanistan imposent le port du voile, d'autres comme l'Égypte et l'Algérie l'acceptent plus difficilement. D'autres encore, comme la Tunisie, le combattent ouvertement. Depuis longtemps, en Arabie, au Yémen et dans les autres pays du Golfe, les femmes portent un voile sans que jamais cette situation n'ait paru étrange ou sujette à exégèse.

En France, où il est l'un des signes de différenciation de la femme musulmane, le voile continue à être un sujet de polémiques alors que la Grande-Bretagne par exemple le tolère beaucoup mieux. Il y va souvent du leadership des partis en présence, surtout lorsque les musulmans, individuellement ou collectivement, sont en contact avec des milieux laïcs où, traditionnellement, la femme est découverte. Un problème similaire se pose pour la mixité. Alors qu'elle est totalement prohibée dans le monde musulman, elle est considérée comme un acquis social dans les pays européens.

En tout temps et en tout lieu, la fonction du vêtement est d'assurer sobriété, décence et pudeur. Ibn 'Abbas (VIIe siècle), un compagnon du Prophète, a dit : "Mange ce que tu veux, porte comme vêtement ce qui te plaît, pourvu que tu ne commettes aucune de ces deux choses : la prodigalité et la parcimonie."

1. Selon les pays, le voile est appelé : *litham* (monde arabe), *tchador* (Iran) et *tchadri* (Afghanistan), *tcharchaf* (Turquie), *safsari* (Tunisie), *hidjab*, *haïq* (Algérie)…
2. Très exactement : "aux gens de leur suite sans désirs concupiscents".

Le voile féminin est une obligation coranique.
Il est fait de différentes matières et sa couleur varie d'un pays à l'autre.

CHAPITRE 21

L'EAU

SOURCE DE VIE ET ÉLÉMENT IMPORTANT DU RITE

EN ISLAM, PLUS QUE TOUT AUTRE ÉLÉMENT, L'EAU EST BÉNIE, CAR ELLE EST UN JAILLISSEMENT QUI INONDE L'HOMME DE SA PROVIdence divine et de sa faveur : "Nous faisons descendre du ciel une eau bénie grâce à laquelle nous faisons croître des jardins ; le grain que l'on moissonne, les palmiers élancés porteurs de régimes bien ordonnés, pour nourrir nos serviteurs" (Qaf, L, 9-11).

L'eau a différentes origines et fonctions : il y a l'eau des ablutions, l'eau du puits de Zemzem, l'eau de l'outre caravanière, l'eau du puits ou de l'oasis, l'eau des fontaines et des robinets.

On peut lire dans la sourate Les Prophètes : "Les incrédules n'ont-ils pas vu que les cieux et la terre formaient une masse compacte ? Nous les avons ensuite séparés et nous avons créé, à partir de l'eau, toute chose vivante. Ne le croient-ils pas ?" (Les Prophètes, XXI, 30).

Au regard du dogme musulman et compte tenu des très fortes prescriptions d'hygiène de l'islam, l'eau est présente au commencement de la plupart des rituels de sacralisation ou de purification.

Dans cet ensemble symbolique qui relève autant de la mythologie régionale que des allégeances aux ancêtres fondateurs, l'eau sacrée de Zemzem, dont la source est située dans la cour du Hijr, au pied de la Kaaba est l'un des éléments qui impressionne le plus le pèlerin.

Ibn Battuta (1304-1377), géographe et voyageur tangérois, rapporte une croyance des mecquois de son temps selon laquelle l'eau de Zemzem augmente et gonfle miraculeusement toutes les nuits du jeudi à vendredi [1].

L'historiographie musulmane avance que la fontaine de Zemzem a jailli sous les pieds d'Ismaël, fils aîné d'Abraham, lorsque sa mère Hagar, manquant d'eau en chercha désespérément entre deux monticules voisins de la *Kaaba*, Safa et Marwa. À en croire le grand historien arabe Tabari (838-923), c'est Ismaël qui déclencha le miracle : "Ismaël se mit à pleurer, suivant l'usage des enfants lorsqu'ils se trouvent sans leur mère, et ayant frappé du talon contre terre, comme font encore les enfants, une source parut sous son talon [2]."

Si Zemzem tient une telle importance dans le dispositif rituel du pèlerinage, c'est parce qu'elle rappelle et symbolise au mieux la mythologie des anciens Arabes, qui accordaient à l'eau une importance démesurée.

Rappelons enfin la puissance majestueuse qu'occupe le quatuor fluvial Kawtar, Salsabil,

L'eau des ablutions est un élément capital qui rend la prière licite.

Euphrate et Nil. Les deux premiers, appelés "fleuves intérieurs", sont au paradis. Les deux autres, dits "fleuves extérieurs" sont l'Euphrate et le Nil. L'Euphrate coule en Irak où, avec le Tigre, il forme un immense delta sur le golfe Arabo-Persique. Le Nil est un fleuve immense, le plus long du monde (6 671 km). Il traverse successivement le Kenya, le Rwanda, le Burundi, le Congo, l'Éthiopie, le Soudan, et l'Égypte pour se jeter en Méditerranée. De l'Antiquité (Plutarque en parlait déjà) jusqu'à la construction du barrage d'Assouan par les Soviétiques, à partir de 1958, son débit a été particulièrement dévastateur pour l'agriculture égyptienne et parfois pour les habitants eux-mêmes.

Dans le paradis musulman, immense jardin verdoyant, coulent Kawtar et Salsabil, deux rivières citées par le Coran, mais également des ruisseaux de lait, de vin, de miel et d'eau : "Voici la description du Jardin promis à ceux qui craignent Dieu. Il y aura là des fleuves dont l'eau est incorruptible, des fleuves de lait au goût inaltérable, des fleuves de vin, délices pour ceux qui en boivent, des fleuves de miel purifié. Ils y trouveront aussi toutes sortes de fruits et le pardon de leur Seigneur..." (Mohamed, XLVII, 15).

Il est également question de fontaines jaillissantes dont la vertu est de rafraîchir les élus qui séjournent au paradis. Enfin, pour idyllique qu'il soit déjà, ce tableau serait incomplet si on le privait des évocations de verdure, d'oasis, de récipients gorgés d'eau et des gobelets d'argent où coule un vin rare et cacheté. La bénédiction dispensée par l'eau est à la fois immédiate (l'eau maintient la vie du chamelier dans le désert) et complexe (l'eau est à la fois purificatrice, bienfaisante, régénératrice). L'eau opposée au feu, et parfois aussi à la Terre, représente la partie froide de la nature humaine mais il ne semble pas que l'islam ait été sensible à cette dimension, privilégiant au contraire son jaillissement, son mouvement et son dynamisme.

Ne symbolise-t-elle pas aussi la nature régénérée, la toute-puissance divine, la miséricorde d'Allah ? D'autant que dans la sourate an-Noûr, le Coran atteste clairement que : "Dieu a créé tous les êtres vivants à partir de l'eau" (La Lumière, XXIV, 45).

1. Ibn Battuta, *Voyages*, t. 1, p. 319, Paris, La Découverte, 1982.

2. Tabari, *Chronique traditionnelle*, t. 1, p. 164, Paris, Sindbad, 1980.

Symbole d'hygiène et de purification, l'eau est également une ressource bénie.

CHAPITRE 22

LA COULEUR

TOUTES LES COULEURS SONT RESPECTÉES EN ISLAM. CERTAINES, COMME LE VERT, SONT PRIVILÉGIÉES

LA COULEUR DE L'ISLAM EST LE VERT, CAR LE VERT EST D'ABORD LA COULEUR DE L'ÉTENDARD DU PROPHÈTE ET DE LA ROBE D'ALI (mort en 661), le quatrième calife de l'islam. Depuis, les descendants du Prophète (*charif*) ont considéré le vert comme la marque de leur règne, la couleur étant l'un des liens qui renvoie, même indirectement, à la période prophétique.

Dans la vie quotidienne le vert joue un rôle qui confirme et renforce une position acquise au fil du temps. En Syrie, on dit d'une personne qui a la *baraka* qu'elle a la "main verte". Cette personne est de bon augure.

Symbole du renouveau printanier, autre signe du vivant, le vert est la couleur de la joie, de la réussite et du bonheur. Le vocabulaire arabe qui traduit les nuances du vert est très étendu. Il est en vigueur dans le Coran, imprègne la langue théologique et s'impose autant dans la littérature que dans la poésie classique. Enfin, un nombre important de corps de métiers, teinturerie, décoration, enluminure, chimie, botanique, horticulture, agriculture, lui réserve une place de choix. Même s'il n'existe aucun lien véritable avec le Créateur, le vert est tellement respecté que certains musulmans, très pieux, hésitent à prier sur un tapis vert de peur d'offenser l'islam.

Au contraire, pour bien exprimer la foi et l'attachement au dogme, et puisque le vert symbolise l'espoir et la paix, les mosquées, les catafalques, les intérieurs de maisons ainsi que les emblèmes royaux, tribaux et familiaux sont souvent revêtus de vert.

On connaît enfin la place dominante qu'occupe le vert dans la symbolique héraldique et dans la confection des drapeaux nationaux : royaume d'Arabie saoudite, Libye, Pakistan, archipel des Comores, Mauritanie, etc. Il est très présent dans de nombreux autres drapeaux : étoile chérifienne du drapeau marocain, bandes latérales ou transversales des drapeaux algérien, koweïtien, jordanien, irakien, iranien, etc.

À la force du vert viennent s'ajouter quelques autres couleurs porteuses elles aussi d'une symbolique ou d'un signe d'appartenance.

La couleur noire a acquis une importance qui s'est maintenue des siècles à partir de l'utilisation qu'en a faite la dynastie abbasside, dynastie établie à Bagdad dès la fin du VIIIe siècle. Dans la Perse antique, l'Iran actuel, le noir représentait le diable, tandis que le jaune était la couleur du deuil, parfois de la jalousie. Aujourd'hui, le vêtement des mollahs est ou noir, ou blanc, ou utilise les deux. Depuis la mort de l'*imam* Houssaïn, lors

Le vert est très présent dans les pays musulmans et est la couleur la plus fortement connotée.

de la tristement célèbre bataille de Kerbala (680), le noir, signe de deuil, est devenu le symbole du chiisme dans son ensemble et en particulier celui du clergé. La signification du voile noir des Iraniennes (*tchador*) se rattache à ce contexte.

Le blanc (blanc du linceul, blanc des anges, etc.) est une couleur complexe chez les musulmans. Elle est celle de la *gandoura* du grand cheik et du *qamiç* (longue tunique) de l'étudiant, mais aussi celle du linceul. Cependant, si l'on se fonde sur un *hadith* du Prophète : "Dieu aime les vêtements blancs, et il a créé le Paradis blanc", on peut estimer que cette couleur est plutôt positive en islam.

Au Maghreb et en Égypte, les couleurs de terre s'imposent, même si le vert et le blanc continuent à symboliser des sentiments nobles ou abstraits. La *kachabia* des hauts plateaux algériens est de couleur brune ou sombre, tandis que dans le Constantinois, le voile est noir.

Au temps de l'Espagne andalouse, le rouge, couleur de feu et de sang, couleur de la passion, a dominé le costume, ainsi qu'on le voit, de nos jours, dans le vêtement de la danseuse flamenco. Aujourd'hui encore, le rouge se maintient solidement dans les usages les plus divers, notamment ceux du folklore et de l'habillement. Par ailleurs, les drapeaux nationaux de plusieurs pays musulmans sont dominés par le rouge : Tunisie, Indonésie, Maroc et Turquie. Dans ce dernier cas, le rouge rappelle les origines ottomanes (XIII-XXe s.) de l'emblème national. Enfin, le rouge intervient partiellement dans d'autres drapeaux, notamment ceux qui, peu ou prou, s'inspirent des quatre couleurs du panarabisme défunt (rouge, blanc, noir et vert), comme l'Égypte, l'Irak et la Syrie, mais aussi la Jordanie, le Koweït, les Émirats arabes unis, le Soudan, le Yémen, etc.

Les musulmans ont une perception colorée de l'au-delà. Le paradis lui-même, outre qu'il est "blanc" comme on l'a vu précédemment, est riche de mille autres couleurs. Elles sont évoquées par l'abondance de soieries, de boissons délicieuses et de bruissements d'eau. À propos des Élus, le Coran précise : "Ils seront parés de bracelets d'or; ils seront vêtus d'habits verts, de soie et de brocart; ils seront accoudés sur des lits d'apparat" (Le Récit, XVIII, 31). Et dans la sourate al-Insân : "Ils porteront des vêtements verts, de satin et de brocart" (L'Homme, LXXVI, 21).

Ainsi, dominé par l'ombre apaisante et joyeuse du vert, le champ chromatique de l'islam se veut une réponse adaptée aux aspirations de calme et de sérénité du musulman.

Ci-contre : détail d'une robe brodée de soie vert sur fond rouge rubis. Bengale, XIXe s.
Double page suivante : calligraphie d'Allah et Mohamed extraites d'un manuscrit religieux. Turquie, art ottoman, début du XIXe s. Galerie J. Soustiel.

محمد

الله

Conclusion

Le symbolisme physique n'est pas ce qui caractérise le mieux l'islam. Cette religion s'appuie moins sur le cumul des objets matériels qui participent au rite que la plupart des autres religions mais bien plutôt sur leur figuration abstraite. L'islam professe l'abstraction et met l'accent sur la forte conviction intérieure du croyant (*niyya*), synthèse de volonté (*irâda*), d'obéissance (*tâ'a*) et de liberté (*houriya*).

Le communautarisme est en revanche plus caractéristique de l'islam. Monothéisme d'égalité, l'islam implique la participation de tous à des signes communs de ralliement ou de convergence. La profession de foi, la prière, l'aumône, le jeûne et le pèlerinage, les cinq obligations canoniques, ne sont que les expressions les plus visibles de l'adhésion du croyant à sa religion.

Elle nécessite constamment d'être approfondie par une pratique d'imprégnation, de méditation et de lecture des textes révélés. Au quotidien, l'islam est une religion du "vivre ensemble", qui exclut la chevauchée individuelle, la mise à l'écart et le vœu de chasteté. Le célibat y est mal vu selon l'expression même du Prophète qui incite les musulmans au mariage. De même le monachisme n'existe pas et le vœu de silence est proscrit. Enfin, la recherche solitaire d'une éventuelle confirmation de sa foi ne fait qu'accentuer la désespérance de l'auteur de cette quête. Tout se pratique en commun : le don, le jeûne, la charité, le pèlerinage, la prière hebdomadaire, les festivités profanes, la circoncision, le mariage, les *moussems* (rencontres à caractère religieux).

Si le Coran n'a pas formellement prohibé la représentation humaine, la tradition, pour l'avoir rejeté si longtemps, l'a rendue impraticable. La représentation de Dieu et de son Prophète a ainsi toujours été taxée d'hérésie.

La miniature (*al-mounamnama*) n'est-elle pas cependant la véritable peinture de la culture indo-persane ? Voilà un art précieux et raffiné qui a donné, tout au long des siècles, en particulier au temps de la période classique de l'art indo-turco-iranien (XVe-XVIe s.), ses lettres de noblesse à la représentation humaine, sans affaiblir pour autant ni la conviction des musulmans ? On peut aussi se demander si la calligraphie, la mosaïque et l'architecture ne tiennent pas lieu d'art sacré en islam, et ne sont pas cette sorte d'art qui comble la curiosité de l'homme saisi de doute tout en l'apaisant.

Toutes ces interprétations sont possibles, car toutes relèvent de cette logique fondamentale de l'islam qui veut que l'effort de compréhension est préférable à tout, y compris au dogme fermé, pourvu qu'il se nourrisse de beauté.

GLOSSAIRE

'ACHOURA : dixième jour de Moharram, premier mois de l'année islamique

'ADA : coutume, pratique ancestrale

ADHÂN : appel à la prière, d'où *mou'adhdhîn* (*muezzin*)

AHL AL-KITAB : les "Gens du Livre", juifs et chrétiens essentiellement

'AÏD : fête; petite (*'Aïd as-Saghir*); grande (*'Aïd al-Kébir*)

'ALÎM, pl. **'OULAMA** : savant, collège de théologiens

ALLAH : nom du Dieu musulman

ALLAHOU AKBAR : Dieu est (le) plus grand

ALMORAVIDES : une dynastie arabo-berbère du Maghreb (XIe s.)

AMIR : origine du mot *émir*, chef de guerre, gouverneur de province

'ANSARS : "Auxilliares", les partisans médinois du Prophète

ARKÂN : piliers, fondements ; les cinq piliers : *al-arkân al-khams*

AYA : verset coranique

AYATOLLAH : signe d'Allah, titre de grand dignitaire chiite

BAÏT ALLAH : la Maison de Dieu, la Kaaba, La Mecque

BARAKA : bénédiction

BASMALA : nom de la formule inaugurale de l'islam

BID'Â : Innovation blâmable, hérésie

ÇADAQA : aumône, charité

CADI : jurisconsulte ou théologien versé dans les questions de droit

CALIFE, de l'arabe **KHALIFE** : successeur, remplaçant, souverain

ÇAWM : jeûne

CHAFIISME : l'une des quatre écoles théologiques du sunnisme

CHAHADA : profession de foi

CHAÏTANE : Satan

CHARI'A : loi religieuse

CHARIF ou **CHÉRIF** : noble, descendant du Prophète

CHIISME : deuxième grande branche de l'islam orthodoxe après le sunnisme

CORAN : de *Qor'ân*, lecture, récitation, nom du Livre sacré des musulmans

DAR AL-HARB : la Demeure de la Guerre

DAR AL-ISLAM : le Domaine de l'islam

DA'WA : prédication

DHIKR OU ZIKR : oraison mystique

DJAMI' : grande mosquée

DJIHAD : effort sur soi mais aussi guerre sainte

DJINN : génie, démon

DOU'A : invocation personnelle faite à Dieu (distincte de la prière)

FAQIH, PL. FOQAHA : personnalité disposant d'une autorité liée à son savoir religieux (*fiqh*)

GHOUSL : grandes ablutions, lavements

HADITH : dits, propos ou récits attribués au Prophète

HAFÎZ, pl. **HOUFFÂZ** : récitateur du Coran, qu'il a appris par cœur

HAJJ : pèlerinage, d'où le titre de *hadj* (fém. *hadja*) que l'on donne à ceux qui l'ont accompli selon les règles prescrites

HAJR AL-ASWAD : "Pierre noire"

HALAL : permis, notamment en ce qui concerne la nourriture

HARAM : (Espace) interdit, concerne surtout La Mecque et son voisinage immédiat

HIDJAB : voile féminin appelé également *litham*, *tchador*, *tchadri*, etc.

HIJRA : exode, éloignement, début de l'hégire (ère musulmane)

HILAL : croissant de lune

IHRAM : sacralisation

I'JÂZ : inimitabilité du Coran

IMAM : au moment de la prière, celui qui se tient debout devant la première file de musulmans. Par extension : érudit musulman attaché à la mosquée

ISLAM : soumission à Dieu et acceptation de la prophétie de Mohamed

JAHILIA : paganisme, ère préislamique

KAABA : temple "cubique" situé à La Mecque

KHATIB : prédicateur, d'où *khoutba* : prône, sermon, prêche

KHITÂN ou **TAHARA :** circoncision

MADHHAB : école théologique du sunnisme. Elles sont au nombre de quatre : chafiisme, hanafisme, hanbalisme, malikisme

MADRASA, MÉDERSA (MAGHREB) ou **MÉDRESE** (TURQUIE, IRAN) **:** école coranique, établissement d'enseignement du dogme islamique

MAHDI : le Bien-Guidé (par Dieu), dans le chiisme, *imam* occulté

MAHOMET : nom francisé de Mohamed

MAKKA : La Mecque

MANARA : minaret

MATAF : circuit du *tawaf*, circumambulation autour de la Kaaba

MAYSIR : jeux de hasard (terme coranique)

MIHRAB : niche de prière indiquant l'orientation de la *qibla*

MINBAR : chaire de prédicateur

MI'RAJ : ascension du Prophète au ciel

MOLLAH : autorité religieuse dans le chiisme

MOUDJAHID, pl. **MOUDJAHIDINE :** combattant dans la voie de Dieu

MOUFTI : *cadi* ou *imam* pouvant émettre un avis religieux (*fatwa*)

MOUHADJIROUNE : les partisans du prophète Mohamed

MOUTAOUIF : personne préposée au *tawaf*, rite de circumambulation

NIYYA : bonne intention. Requise comme préliminaire à tout acte rituel

'OMRA : petit pèlerinage

OUMMA : la communauté musulmane dans son ensemble

QIBLA : direction de la Kaaba (La Mecque)

QOREÏCHE : nom de la tribu du Prophète, d'où provient l'appellation *Qoreïchite*

RAMADAN : nom du mois de jeûne légal

RAQ'A : unité composant la prière

RIBÂ : usure

SAFA et **MARWA :** deux points de passage du pèlerin à La Mecque

SALAT : prière canonique, d'où *mousalla* (lieu de prière)

SÉFÉVIDE : nom d'une dynastie iranienne (XVIe s.)

SIRA : biographie du Prophète

SOUJOUD : agenouillement

SOUFI : mystique musulman

SOUFISME : mysticisme

SOUNNA : tradition, la "Voie tracée" par le Prophète et ses Compagnons. Origine du mot sounnisme, la plus importante famille de l'islam. Elle se compose de trois parties : la *sounna qawliya* (paroles), la *sounna fi'liya* (actes), et la *sounna taqririya* (approbation et participation)

SOURA, pl. **SOURATE :** chapitre du Coran

TA'WIL : explication, interprétation du Coran

TAYAMMOUM : ablutions sèches autorisées

TÜRBE : mausolée (turc)

WOUDOU' : ablutions

ZAKAT : aumône légale valant pour un impôt

ZEMZEM : source située au sein de la grande mosquée (La Mecque)

ZIKR ou **DHIKR :** oraison mystique

BIBLIOGRAPHIE

AL-GHAZALI-, *Ihya 'Ouloum ed-Din* (Vivification des Sciences de la foi), Le Caire, 1933, 4 tomes.

AL-QAYRAWANI, *La Risala ou Épître sur les éléments du dogme et de la li de l'islam selon le rite malikite*, traduction L. Bercher, Alger, Éditions populaires de l'armée, 1975.

ARBERRE A.J., *Muslim Saints and Mystics*, Londres, Routledge and Kegan Paul, 1966.

ARKOUN M., *Essais sur la pensée islamique*, Paris, Maisonneuve et Larose, 1984.

BOSWORTH C.E., *The Islamic Dynasties*, Édimbourg, Edinburgh University Press, 1980 (traduction française chez Actes Sud/Sindbad, 1996).

BOUAMRANE CH., GARDET L., *Panorama de la pensée musulmane*, Paris, Sindbad, 1984.

BOUSQUET G.-H., *Les Grandes Pratiques rituelles de l'islam*, Paris, PUF, 1949.

BROCKELMANN C., *History of the Islamic Peoples, Londres*, Routledge and Kegan Paul, 1982.

BURCKHARDT T., *L'Art de l'islam, Langage et signification*, Paris, Sindbad, 1985.

CORAN (Le). Traductions de Régis Blachère, Paris, G.-P. Maisonneuve-Max Besson, 1957 ; traduction de Denise Masson, Paris, Gallimard, 1967 ; traduction de Hamza Boubakeur, Paris, Maisonneuve et Larose, 1995.

DERMENGHEM E., *Le Culte des saints dans l'islam maghrébin*, Paris, Gallimard, 1954.

DESVERGERS N., *Arabie*, Paris, F. Didot Frères, 1847.

DONALDSON D.M., *The Shi'ite Religion*, Londres, Luzac and Compagny, 1933.

EL-BOKHARI, *Les Traditions islamiques*, Paris, Adrien Maisonneuve, 1984, 4 tomes.

ENCYCLOPÉDIE DE L'ISLAM, Nlle édition, Paris, Maisonneuve et Larose, 1975-1995.

GARDET L., ANAWATI M.-M., *Introduction à la théologie musulmane*, Paris, J. Vrin, 1981.

GAUDEFROY-DEMOMBYNES M., *Mahomet*, Paris, Albin Michel, 1969.

GOLDZIHER I., *Le Dogme et la loi de l'islam*, Paris, Paul Geuthner, 1973.

GRABAR O., *La Formation de l'art islamique*, Paris, Flammarion, 1987.

HAMIDULLAH M., *Les Pèlerinages de l'islam*, Paris, Seuil, 1950.

IBN 'ARABI, *La Sagesse des prophètes*, Paris, Albin Michel, 1974.

IBN 'ATA ALLAH, *Traité sur le nom d'Allah*, Paris, Les Deux Océans, 1981.

IBN BATTUTA, *Voyages*, trad. C. Defremery et R. Sanguinetti (1858), Paris, La Découverte, 1982, 3 tomes.

IBN JOBAIR, *Voyages*, traduction Gaudefroy-Demombynes, Paris, Paul Geuthner, 3 tomes, 1953-56.

IBN KHALDUN, *Discours sur l'Histoire universelle (Al-Muqaddima)*, traduction V. monteil, Paris, Sinbad, 1978.

IMAM CHAFI'I, *Mousnad*, Alger, Dâr At-Tassili, 1989.

KHOURY A.TH., HAGEMANN L., HEINE P., CANNUYER CH., *Dictionnaire de l'islam*, Histoire, idées, grandes figures, Brepols, 1995.

MANTRAN R. (sous la direction de), *Les Grandes Dates de l'islam*, Paris, Larousse, 1990.

MASSIGNON L., *Al-Hallaj, Martyr mystique de l'islam*, Paris, Galllimard, 1975, 4 tomes.

NAWAWI, *Les Quarante Hadiths*, Paris, Les Deux Océans, 1980.

PAREJA F.M., HERTLING L., BAUSANI A., BOIS Th., *Islamologie*, Beyrouth, Imprimerie catholique, 1957-1963.

PENRICE J., *A Dictionary and Glossary of the Koran*, Londres, Curzon Press, 1970.

RAZI, F. ad-D, *Traité sur les noms divins*, traduction M. Gloton, Paris, Devry Livres, 1986-1988, 2 tomes.

SCHACHT J., BOSWORTH C.E., *The Lagacy of Islam*, Oxford, The Clarendon Press, 1974.

SOURDEL D. et J., *Dictionnaire historique de l'islam*, Paris, PUF, 1996.

TABARI, *Chronique traditionnelle*, trad. H. Zotenberg, Paris, Sinbad, 1980, 6 tomes.

WATT W. M., *Mahomet*, Paris, Payot, 1989.

REMERCIEMENTS

Au terme de ce livre, je tiens à remercier Samia, ma femme, Mikaïl, mon fils, qui saura, plus tard, pourquoi je n'étais pas toujours disponible lorsqu'il le voulait et particulièrement monsieur Louahem M' Sabah Mohamed pour m'avoir aidé si souvent et si efficacement. Mes remerciements vont également à une personne très chère qui ne souhaite pas se nommer mais qui se reconnaîtra : Gh. H.-E., ainsi qu'à Hichem Ben Yaïche pour la lecture de ce texte à un moment où il était encore au stade embryonnaire, et à monsieur Hocine Raïs, directeur des affaires culturelles à l'Institut musulman de Paris pour les remarques judicieuses qu'il m'a faites.

Laziz Hamani tient à remercier Philippe Sebirot qui a beaucoup contribué à la réalisation des photos et Daniel Delisle du studio Delisle. Merci également à Yannis Hamani, à Fatima Hamani, Adel Hamani et Cacho Vasquez qui ont bien voulu poser devant l'objectif. À Plastic studio, Paul Goirand et Florence Moll. À Martine et Prosper Assouline qui ont permis de réaliser toutes ces images.

L'éditeur tient à remercier monsieur Soustiel et madame David de la galerie J.-Soustiel dont l'extrême gentillesse et la précieuse collaboration ont été des soutiens décisifs dans la réalisation de cet ouvrage. Merci également à madame Fegali de l'ambassade du royaume d'Arabie saoudite, à Nahla Nassar de la Nour foundation, the Nasser D. Khalili Collection of Islamic Art, à Bernard Huchet et Alain Dovifat.

Nos remerciements communs vont à la mosquée de Paris qui nous a aidés à la réalisation de ce livre et plus particulièrement à monsieur Dalil Boubakeur et monsieur Saïd Bakiri.

CRÉDITS PHOTOGRAPHIQUES :
The Nasser D. Khalili Collection of Islamic Art. p. 14-15, 34, 65, 93 ; *Abbas/Magnum* p. 38, 51, 71 ; *Alain Dovifat* p. 41, 47, 85, 86-87, 88-89 ; *Mohamed Lounes/Gamma* p. 49, 56-57, 63 ; *Reza/Sygma* p. 80. *Ministère de l'information d'Arabie saoudite* p. 55 ; *Giraudon* p. 53, 58 ; *Facelly/Sipa* p. 77.